弁護士の日々記

民主主義の危うさのなかで

石風社

前田 豊
Maeda yutaka

表紙カバー写真　　前田　豊
表紙・本文イラスト　前田美代子

弁護士の日々記　——民主主義の危うさのなかで

まえがき

　これは、前田さんが「潮風」というコラムに書いたものを一冊の本にしたものである。「潮風」。このタイトルのコラムが西日本新聞でスタートしたのは今から二〇年前の、二〇〇四年冬である。当時、私は社会部長で、夕刊の紙面改革に伴い第二社会面に新企画の一つとして誕生した。「紙面にさわやかな風を」「時には塩辛さも」などといった気持ちを込めてこのタイトルに落ち着いた。

　夕刊のない日曜日以外は毎日掲載され、九年間続く人気コラムとして読者に親しまれた。新設当初は各分野から厳選された外部寄稿者六人が日替わりで担当した。その一人が、当時福岡県弁護士会会長だった前田豊さんだ。

　前田さんは「締め切りに苦しみながら書き続けた」とコラムの中で述懐している。「事件と法」という、いわば重くて硬いテーマを背負っての執筆だった。裁判員制度、憲法、冤罪、再審……。コラムの命は時事性である。日々事件は起こる。素材への目配り、選択は大変な作業だったことは言うまでもない。

コラムはまた、時事性だけではなく、個性と見識に裏打ちされた表現力も問われる世界だ。字数制限もあり「潮風」は約四百字と短い。その小さな空間で自分の思いをどれだけ読者に届けることができるのか。短さゆえに難しい部分もあるが、前田さんの文章は法律の条文とは正反対で、簡潔でわかりやすい。その形にするための、水面下での「苦しみ」も推し量ることができる。

コラムには季節感も大事だ。キンモクセイ、シクラメン、ヒトツバタゴなど花木にも触れ、自然への温かいまなざしも織り込んでいる。

また、法律関係だけではなく故郷の長崎県諫早市の干潟や同郷の詩人、伊東静雄にも言及するなど多彩な内容になっている。コラムの幅、奥行きは書き手の幅、奥行きでもある。その前田さんの世界が読者に伝わり、支持された。

コラムは紙面の窓だ。それだけではない。社会、世相、時代の窓でもある。百二十五編からなるこのコラム集は、今でも色褪せることなく現在に重なる風景を見渡すことができる。

二〇二四年初夏

田代　俊一郎

弁護士の日々記　――民主主義の危うさのなかで　◉目次

弁護士の日々記　——民主主義の危うさのなかで

I　諫早に生まれて

諫早湾

今は福岡市に住んでいるが、生まれも育ちも長崎県諫早市である。有明海に近く、子どものころは潟海で遊んだ。澪《みお》の深みにはまって助けられ、あやうく一命をとりとめた。私が今あるのはその人のおかげである。それでもまた澪を泳いで渡って対岸に行きたいと望んだ。諫早出身の詩人伊東静雄は「有明海の思ひ出」で、「緑の島」に誘われた少年らは泥海ふかく溺《おぼ》れ、無数の透明なしゃっぱ（シャコ）に化身をしたと叙情的に詠んだ。「緑の島」は、九七年からの諫早湾干拓で潮受け堤防の内に囲われ、しゃっぱもムツゴロウも死に絶えた。閉めきられてしばらくは干潟が干からびてかさぶたのようになり、そこに小さな貝の殻が白い墓標のように張りついていた。

干拓が完成し、潮受け堤防を車で走ることができるようになった。正月、七キロの直線道路を走ってみる。かつての豊かな海は見るかげもなかった。ふと、萩原朔太郎の一節が頭をよぎる。故郷の林が切り開かれ、そこに作られた小出新道をうたった一節。

いかんぞ　いかんぞ思惟《しい》をかへさん
われの叛《そむ》きて行かざる道に
新しき樹木みな伐《き》られたり。

思惟を返すすべを与え給《たま》え。

（二〇〇八年二月二日）

諫早大水害五十年

昭和三十二年七月二十五日、長崎県の諫早市周辺は朝から強い雨が降った。市街地から約三キロ離れた実家は床下浸水の被害を受けた。水をせき止めていた長崎本線の二メートルの高さの土手が決壊し、水がはけた。

諫早の中心街は、壊滅的な被害を受けた。本明川の奔流に襲われ、住宅もろとも多くの人が流された。死者・行方不明者は六百三十人に上るという。諫早市教育委員会が昭和三十二年十二月に発行した「洪水」という記録集には、教職員や生徒らの体験が生々しく綴られている。

あっという間に起きた水害に翻弄《ほんろう》され、家族を失った被災者の悲しみが胸を打つ。中でも十二時間も濁流に流され、遠く離れた有明海で救助された小森洋子さん（中三）の「漂流十二時間」という体験記は強烈だ。流れの中で離ればなれになる家族との別れ。水を飲み、流木に打ちつけられ、猛烈な眠気に堪えた苦しみ。頭がもさもさするので掴《つか》んで捨てたらマムシだったり、カエルの大群と一緒に流される中でカエルが友達になったりしたことも綴られ、「何事も最後まで頑張ることだ。絶望してはならない」と結ばれている。水害犠牲者の冥福を祈る。

（二〇〇七年七月二十五日）

長崎で被爆した父

私の父は、十九歳のとき、爆心地から一・七キロの三菱造船所稲佐製材工場で被爆した。以下は父から聞いた話である。

屋外にいるとき、青い溶接の火のようなものが爆音とともに降り注いだ。がらくたやトタン屋根と一緒に爆風で飛ばされた。背中が焼け、頭から血が出た。這《は》って防空壕《ごう》に入った。ズボンが燃えて火が上がり、ゲートルをほどき、ふんどしひとつになった。右腕の肘《ひじ》の骨がむき出しになった。工場はぺしゃんこに潰《つぶ》れ炎上した。

火の海を避け、浦上川を遡《さかのぼ》り、汽車を求めて線路を歩いた。あたりは阿鼻《あび》叫喚《きょうかん》。髪が燃え、真っ黒で男女の区別もつかない。喉《のど》が渇き「水を飲ませて」と頼む人がいた。すでにこと切れた人や馬が横たわっていた。

その日、すし詰めの列車に乗り、実家のある小江（諫早市）を目指した。駅から、焼けたふんどし姿に裸足で二キロ歩いて実家についた。病院にも行かず、うつぶせに寝てアロエやイノシシの油で治療をした。八ヵ月後、ようやく歩けるようになった。

父の右側の足、背、腕、頭には今も瘢痕《はんこん》が残る。「あの日」からまもなく六十年を迎える。

（二〇〇五年八月六日）

まぼろしの邪馬台国

映画「まぼろしの邪馬台国」が一日、封切られた。前評判通りに、観客が入ってほしいものだ。

原作で映画と同名の、宮崎康平氏の著作が出版されたのは一九六七年。その年、私は長崎県諫早市の高校を卒業し、「邪馬台国はきっと有明海沿岸のどこかに眠っている」という宣伝文句に引かれてこの本を読んだ。宮崎氏は三十代前半に失明し、妻和子さんの協力を得て魏志倭人伝と古事記、日本書紀を何百回と耳で聞き、漢字の字面からでなく読み方（音）に重きをおいてこれらの古書を解読する。和子さんの手をつえとし、目を自らの目として現地調査をして、邪馬台国は長崎県西南部にあったと結論づけるのである。

宮崎氏の音に着目する手法は独特だ。例えば邪馬台国の「馬」（マ）は豆のマと同じ意味で、水辺や川岸の畑や陸地を意味する、という。難解な面もあるが、遠い昔に祖先が使っていた言葉を感じ、DNAをかきたてられるような懐かしさがある。

わが郷土に邪馬台国を定める結論は我田引水かと思ったが、その後、吉野ヶ里遺跡（佐賀）が発見され、さては宮崎説には先見性があったかと、その時に思った。

（二〇〇八年十一月一日）

友がみな

妻にシクラメン博士の称号を与えた。その妻が越年させたシクラメンが、いま見事に花開いている。無数の花立ちのなかに、蕾《つぼみ》もついている。

有名な石川啄木の歌がある。「友がみなわれよりえらく見ゆる日よ　花を買い来て　妻としたしむ」。その花は何であったのだろう。

はるか昔のことを思い出す。大学の刑法の期末試験で「違法性について述べよ」との設問に対し、答案用紙を前に一行も書けなくなった学生は、困った末に、答案の代わりに戯れ歌を書いて提出した。「友がみなわれより賢く見ゆる日は　鼻ほじくってひとり楽しむ」。悪のりしてもう一首書く。「考えど考えど黒くならざりしわが答案　じっと手を見る」。いうまでもなく元歌は「はたらけど　はたらけど猶《なほ》わが生活《くらし》楽にならざり　ぢっと手を見る」だ。当然ながら、試験の結果は不可となった。

その後、不可をつけた先生のゼミに入り、勉強をして単位をいただいた。先生から「卒後、研究者になりませんか」と身に余るお誘いまで受けた。

季節はめぐり、時は春。これから生きとし生けるものが輝く時。

（二〇〇八年四月二日）

六法を読んでみたまえ

四十年前、司法試験の勉強を始めたころ、その年合格した大学の先輩がゼミに来て法律を教えてくれた。優秀で自信家の彼は、学生が質問されて答えにつまると「六法を読んでみたまえ。六法には何と書いてあるかね？」と言うのが口癖だった。六法とは六法全書のことで、法律の条文をきちんと読めと言うのだ。格好いいなと思う反面、一歩間違うと高慢な言い方に聞こえると思っていた。

最近、以て非なる光景を目にした。民主党幹事長が記者に「君は憲法を読んだのかね？」と言ったことだ。天皇が中国要人に会うのは憲法の国事行為にあたる、それを知らないのか、と咎《とが》めたのだ。「憲法を読んだのかね？」とは高慢な言い方だが、正しければまだすくわれる。だが、中国要人との会見は国事行為にあたらない。幹事長はその後の記者会見で発言を修正したが、憲法の理解の間違いを露呈した。

曖昧《あいまい》な憲法解釈で国の運営を恣意《しい》的にされても困る。官僚主導の打破はいいとしても、国会法改正で内閣法制局長官の答弁を禁止するのがよいのかどうか。それが「憲法九条の下では集団的自衛権は認められない」としてきた憲法解釈の変更につながるなら大変問題だ。

（二〇〇九年十二月二十五日）

私は冷房病

九州地区の一日当たり電力量が過去最高を更新している。家庭の消費電力量はエアコンが四分の一を占め、家庭やオフィスの冷房需要が電力量更新の要因である。ところで私の家にはエアコンはあるが、ほとんど使わない。年に一回使うか使わないかである。実は私はひどい冷房病に悩まされている。

十数年前、職場のエアコンを新しくしたときのこと。暑がりの同僚はあろうことか設定温度一九度にしてガンガン冷やした。一九度の設定でものすごく寒いが、吹き出し口からは一〇度近い風が出る。冷蔵庫を開けたような冷たい風が川のように流れ、椅子《いす》に座った私の腰から下を、ひと夏冷気にさらし続けた。それから下半身は骨まで冷たくなった。冷房病というより冷凍病というべきかもしれない。今でも私は真夏に電気マットを敷いて椅子に座り、タイツを履きそれにカイロを貼《は》っている。読者から暑くて気持ち悪いと言われそうで恐縮だが、本人はそれでバランスを取っている。医師に相談しても名案がない。

ここまでひどくなくても冷房病に悩む人は多い。皆さん、身体を考え地球資源を考え、できるだけエアコンに頼らない工夫をしてみませんか。

（二〇〇八年八月二日）

冷房の設定温度

地球温暖化の防止には、夏の軽装「クールビズ」というわけで、裁判所の冷房設定温度は二十八度。東京・霞が関の弁護士会館も「右にならえ」だ。福岡県飯塚市にある法律事務所に行くと「当事務所の冷房は二十八度です。ご協力下さい」と張り紙がしてある。この温度だと背広を脱いでシャツ姿になる。少し暑いが、夏は暑いものと決まっている。

わがオフィスの室内温度は、放っておけば、たぶん二十二度に設定されたままだ。一時の急速冷房なら二十二度でもいいが、その状態が長く続けば健康にも悪い。そんなときは、乱暴だがエイッとばかりにエアコンの設定を二十六度に上げ、冷房を「ドライ」に変える。二十六度でもドライなら、涼風が流れて肌にやさしく心地よい。夏の盛りに暑い下界から、大分県の久住高原に行ったときのようなさわやかさを感じる。

だが、しばらくすると二十四度に下げられている。ころ合いを見てまた二十六度に戻す。そんな繰り返しが続いているが、近ごろは事務所の同僚もあきらめてきたのか、梅雨のある日、二十七度の設定で、窓が半分開いていた。健康と地球環境に配慮する気持ちが伝わったのならありがたいのだが……。

（二〇〇九年七月三日）

金木犀

その人が亡くなって一周忌を迎えた。享年八十二歳。二十五年間、一緒に仕事をし、教えられることが多かった。弔辞でこう述べた。「どこからか金木犀《きんもくせい》の香りが流れてきます。この香りはつーんと胸を締めつけるようで、せつなくなります。そんな十月にあなたは逝ってしまいました。金木犀の香りが流れる季節になると、つい振り向いて、あなたの気配を感じそうな予感がします」

初盆のあと、遺稿を本にしたものを頂いた。彼が両親から聞いた話を交えて記した短編集だった。戦前、彼の父は朝鮮で鉱業開発企業の現場監督をしていた。朝鮮人労働者の賃金は日本人の半分以下。父は朝鮮人の差別解消を上司に求め待遇改善をはかっていた。ところが敗戦で立場は一変。日本人は植民地政策の責任を問われ、資産を失い栄養失調と病気に苦しんだ。朝鮮人に信頼されていた父は日本人の代表に選ばれ、その保護と救済に大きな役割を果たした。民族を超えた、人間の信頼関係の尊さを教えてくれた父への尊敬を一層深くしていると結んでいる。

昨年、庭に金木犀を植えた。まだ花は咲かないが、あたりはいま金木犀の季節である。

（二〇〇五年十月六日）

猫は民主主義者

十七年間生活をともにした雌猫のララが逝った。名前は「ドクトル・ジバゴ」のヒロイン、ラーラから取った。青く澄んだ大きな瞳で、ちっとも老いを感じさせなかった。遊んでほしい時には寄ってきてゴロリと腹を上に向けるが、抱き上げると嫌がって下ろしてくれと騒ぐ猫だった。

段ボール箱で作った棺おけにいっぱいの花を飾り、荼毘《だび》に付した。部屋の隅に小さな仏壇をこしらえ、遺骨を入れたつぼに遺影を飾り、花と水とマグロ缶を供えた。「ララちゃん、おはよう」「ララちゃん、おやすみ」、家人は優しく遺影に声をかけて、それからぞんざいな声で「お父さんもおやすみ」と言うのである。

「猫は民主主義者である」と言ったのは立命館大総長を務めた故末川博さんだ。末川さん曰《いわ》く、猫は付和雷同をせず、自分の好みで、わが道を行くから民主主義者なのだと。思うに、猫は平和主義者でもある。めったに飼い主をかんだり、人を襲うことがない。

九条など憲法の改正手続きを定めた国民投票法案が与党の賛成多数で衆院を通過した。何を急ぐのか、とララも天国で怒っているに違いない。

（二〇〇七年四月十四日）

シクラメン博士

「シクラメン、今が旬」というコピーに魅せられ、衝動買いで七鉢のシクラメンを求めた。昨年十二月、自宅に三鉢、職場に四鉢を置いた。「うまく育てれば四月まで花が咲く」といわれていたが、どうしてこれがなかなか難しい。

「私は枯らし屋。水のやり過ぎでこれまでのシクラメンは全部枯らした」と妻は言うが、何としても育ててもらわねばならぬ。日当たりのよい窓際に鉢を動かし、夜は中に取り入れる。水やりは、二重底になった鉢の底に水を張るだけ。きっと妻のおかげだろう。情熱的な朱、気品漂う紫、豊潤なピンク……。シクラメンは、ぴんと張りつめて初期の姿形を保ったまま、二ヵ月間も花が続いている。蕾《つぼみ》は力強く立ち上がり、新しい花となる。「あなたこそシクラメン博士」とひそかに妻を称賛する。

悲惨だったのは職場。暖房の効き過ぎと温風の直撃で、たちまち葉が黄色くなり花も傷んだ。自宅に持ち帰り、シクラメン博士に治療を頼んだが、その甲斐《かい》もなく往時の勢いは見る影もない。

何事も初めにやり損なうと、後から回復するのは難しい。

（二〇〇七年二月十四日）

以下同文

表彰式では二人目以降の被表彰者に「以下同文」と述べて賞状を授与することが多い。賞状に「以下同文」と書かれているわけではないが、同文朗読を避け、そう読むのが慣例である。だが、いかにもそっけない印象がある。

先ごろ行われた、私が属する団体の永年勤続表彰式。表彰者は「以下同文です」と述べた後、「あなたは後輩の目標でした」「あなたは会長として会に貢献されました」など、被表彰者の人柄や業績を手短に添えて賞状を授与した。資料を読んで経歴を調べた上で、日ごろから被表彰者に抱いている尊敬の念を簡潔にあらわした。

古希近い被表彰者が何を言われるかと耳をそばだてながら、神妙な面持ちで表彰を受けている。時折場内から笑いも起きる。「副会長を……」と言うのを被表彰者が遮って「いや会長……」と小声でつぶやく。そこで「会長を務められました」と訂正する。添える言葉が短すぎると誤解を生む恐れもあるが、「以下同文」だけの表彰式にはないぬくもりがある。被表彰者をよく知る団体だからこそできる対応だが、被表彰者に対する会員の思いが凝縮して伝えられる。

（二〇〇九年十月三十日）

II

日常のなかの法

二・二六の夜

夜、日比谷公園に面するビルを出て、霞が関坂のゆるい勾配《こうばい》をのぼる。坂をのぼりつめ、国会前庭に沿って歩く。

国会前庭は国会の前にある公園で、夜は漆黒の闇、静寂の世界である。街灯は消え、車の音も聞こえない。イチョウ並木が、国会正面まで続く。

そこに突然、黒々とした制服をまとった警官が現れる。その数は一人、二人、三人……。警杖《けいじょう》を持ち、じっと、こちらを見ている。呼びとめられる。

「どちらに行かれますか」。車道には装甲車のような指揮車と改造バスが三台か四台。わけもなく恐ろしげな暗黒の世界。ふと思う。戒厳令の夜、そう、これはまさに戒厳令の雰囲気だ。

戦前、いまの国会前庭に陸軍省があり、陸軍大臣の宿舎があった。昭和十一年二月二十六日、大雪の東京で起こった二・二六事件では、叛乱《はんらん》将校らがここに立てこもった。その事件は戒厳令により終結したが、軍上層の曖昧《あいまい》な処理がその後の軍の独走をゆるし、日本は戦争の泥沼にはいっていった。

今日は二月二十六日。日本がふたたび戦争をする国になるか、ならないか。二・二六事件の教訓、忘るまじ。

（二〇〇五年二月二十六日）

震災と法律

福岡沖地震のときは福岡市の自宅にいた。強い縦揺れを感じて思わず立ち上がった。自宅は何事もなかったが、事務所の書棚から本が落ちて部屋に散乱した。

先ごろ、福岡県弁護士会が、震災についての無料相談会を行った。瓦が落下して隣家の車を傷つけたとか、ブロック塀が倒れて隣家や車を傷つけたなどの相談が寄せられた。

この場合の責任をどう考えるか。

巷間《こうかん》いわれるように「震度5以上の地震だから不可抗力だ」というだけでは済まされないというべきだろう。

建築基準法では、中地震（震度5強程度）に対して建築物の機能を保持するという考えにたって、さまざまな基準が決められている。例えば、ブロック塀は高さ二・二メートル以下、厚さ十～十五センチ以上で鉄筋を入れることなど。

民法では、工作物が第三者に被害を与えたとき、その工作物が通常備えるべき安全性を欠いている場合には所有者らは損害を賠償する義務があるとする（民法七一七条）。従って、建築基準法の施行基準すら守られていない場合には、安全性を欠いたとして損害賠償責任が発生する場合もある。それはケース・バイ・ケースである。

（二〇〇五年四月十六日）

国境の海

四年前、対馬の裁判所で、中国漁船の船長（中国人）の刑事裁判があった。

その事件は、船長が春の嵐を避けて上対馬の舟志《しゅうし》湾に避難し、魚が古くならないうちに中国に運ぼうと、呼び寄せた船に積み替えたところを現行犯逮捕された。漁それ自体は排他的経済水域であったため問題ではないが、湾内における魚の積み替えが処罰の対象となった。「外国人漁業の規制に関する法律」という法律がそれを禁止している。法定刑は三年以下の懲役または四百万円以下の罰金と重い。この船長、気の毒だが、それでも違反は違反。日本の漁業資源を守るための法律で逮捕され、罰金八十万円の有罪判決を受けた。検察官の求刑は百万円だったが裁判所は二十万円を減額した。検察官が「減額は異例のこと」と目を丸くした。

対馬の海域は好漁場で、日本に限らず、中国、韓国の漁船が集まる。今年六月、対馬海上保安部は漁業法違反で韓国漁船を摘発した。漁船への立入検査を拒否した事実を船長に認めさせ、漁業法違反を適用し、五十万円の罰金にした。ここは国境の海。

（二〇〇五年六月十一日）

対馬のひまわり

長崎県の離島、対馬市にひまわり基金法律事務所がオープンした。所長は、大出夏海さん。東京で修行してきた若くて元気いっぱいの女性弁護士だ。

対馬は人口四万人。厳原に裁判所があり、検察庁も拘置所もある。裁判所には若い裁判官が一人常勤しており、壱岐の裁判所も兼務する。しかし、弁護士は自由開業が原則である。対馬では昭和三十年代には三人の弁護士が厳原で事務所を構えていたが、一人減り二人減りして、ついにゼロになった。

日本弁護士連合会（日弁連）は、全国の会員から特別会費を集め、各地の弁護士過疎地に弁護士が事務所を開くよう援助をしてきた。この制度を利用し、対馬でも五年前から、福岡・長崎の弁護士九人が交代で島に渡り、法律相談や法的トラブルの解決にあたってきた。しかし、地元に暮らし、その地の空気を感じながら仕事をした方がいい。そこで、ひまわり基金法律事務所ができた。

司法改革が着実に進んでいる。身近に弁護士がいることで法との距離も近づくはずだ。大出さんに大いに期待したい。九月五日、事務所開所式があったが台風で飛行機が欠航し、行きそびれた。残念。

（二〇〇五年九月八日）

安全な住宅に住む権利

日本弁護士連合会の人権擁護大会が鳥取市で開かれた。企画の一つは「日本の住宅の安全性は確保されたか」というシンポジウムであった。まだまだ住宅の安全性が確立されているとはいえない。大会では、「住宅安全基本法」（仮称）を制定すること、建築士の資質向上を図るための措置を講じること、確認・検査の徹底を図ること、耐震基準を満たさない建築物には改修を促進することを提言した。その根底には「安全な住宅に住む権利は人権である」という考えがある。

耐震強度偽造問題が発覚したのはその直後だった。シンポジウムが提起した問題が、鋭く眼《め》に見えるかたちであらわれた。偽造問題にかかわる建築士、建設会社、民間確認検査機関の異常性には唖然《あぜん》とするばかり。どうしてこんなことが起こったのか。日本の住宅法制度はどうなっているのだろう。そんな問題意識を持ちながら、あらためてシンポジウムの資料を読んだ。

阪神大地震では死亡者の約八割が倒壊した建築物の下敷きとなったという。建物が凶器となった。当事者は「殺人マンション」などと軽々しく言ってほしくないだろう。

（二〇〇五年十二月三日）

法テラス

桜の季節。通りのパンジーは色鮮やかに、チューリップは気高く天仰ぐ。冬の曇天も春の黄砂も、先日までの花粉症の苦しみも遠い昔のようだ。四月一日。新年度が始まった。

暮らしやビジネスのいろんな分野で新しい制度が始まるようだが、司法の世界も例外ではない。例えば労働審判制度。解雇や未払い賃金などの労働紛争を簡易に素早く裁判所で解決する新しい仕組みである。

注目したいのが、日本司法支援センター、通称「法テラス」の発足である。全国どこでも良質な司法サービスを受けられる新しいネットワーク。弁護士会や自治体が自助努力で行ってきた司法サービスを前進させるため、国が費用を出し、総合的な運営主体をつくり、秋から稼働する。情報サービスの提供のほか、資力のない人に民事裁判の費用を立て替える法律扶助の充実、被告人にだけ認められていた国選弁護人を容疑者に広げる「被疑者国選制度」や司法過疎の解消も図っていく。

福岡でも法テラスの地方事務所が夏にできる。司法をより身近に、その一歩としたい。

（二〇〇六年四月一日）

まだ、最高裁がある！

最高裁の法廷に立った。弁護士の仕事をして三十年になるが、初めての経験である。最高裁は全国に八つある高裁の判決を不服とする上告事件などを審理する。その数は民事、刑事合わせて年間約九千件。大半を占める上告棄却の判決は、書面の審理だけで法廷を開かないのが普通で、当事者も判決が郵送されてきてその結果を知る。最高裁の法廷で弁論が開かれるのは、憲法判断や判例変更をするときの大法廷か、小法廷で高裁の判決を破棄、変更するときがほとんどである。

私の担当する事件は福岡高裁で逆転敗訴判決を受けて上告していたが、昨年十一月、突然、弁論を開く連絡が入った。せっかくの機会だから口頭で意見を述べようと思い、二十分の時間をもらって、高裁判決は即刻破棄されるべきだと主張した。原告自身も五分間しっかりと意見を述べた。

最近、最高裁は消費者金融に関する判例など注目すべき判決を出している。「まだ、最高裁がある」。八海事件をモデルにした映画「真昼の暗黒」のせりふである。最高裁は国民の最後のよりどころであってほしい。

（二〇〇六年四月十二日）

より高いハードルを

ついにというか、とうとうというか、憲法改正の手続きを定める国民投票法案の審議が国会で始まった。与党案と民主党案が出されているが、改正のためのハードルはより高く設定してもらいたい。

例えば憲法改正に必要な「過半数の賛成」の規定の仕方。与党案は「有効投票数」の過半数とし、民主党案は「投票総数」の過半数としている。いずれの案にしても、仮に投票率が四十パーセントと低調だった場合、有権者総数の二十パーセント程度の民意で憲法が改正されることになりかねない。投票率をアップさせる方策は必要だが、より民意を反映させるには、「有権者総数」の過半数の賛成が必要だとする案や、一定の投票率に達しない場合は国民投票を不成立とする案も検討に値するのではないか。

与党、民主党両案とも、政党に対して、「議員数を踏まえ」、改憲について国費を使って新聞やテレビで広告することを認めている。それは発議に必要な三分の二以上を占めた政党の改憲キャンペーンの洪水とならないか。国民の自発的な意見交換の場を広くつくる方が大切だろう。国民投票法が改憲への高速道路となってはなるまい。じっくり論議していきたい。

（二〇〇六年六月三日）

法律家の卵

今年もまた法律家の卵たちが福岡にやって来た。司法試験に合格した司法修習生たちである。彼らは一年間、県内各地の裁判所、検察庁、弁護士会で生の事件に触れ、知識、技能、倫理を磨き、裁判官、検察官、弁護士として巣立っていく。

福岡の修習生は総勢百三人。昨年は六十人だから倍近い。出身地もさまざまで、福岡は初めてという人も多い。当番弁護士や少年付添人など、福岡の先進的な取り組みに関心を持って修習先に福岡を志望した人もいる。

数年前、福岡で修習した田岡直博さんは、将来、弁護士過疎地で頑張りたいという目標を立てていた。そして二〇〇四年三月、二十六歳のとき弁護士が一人しかいなかった岩手県宮古市に公設事務所を開いた。その奮闘ぶりは評判になっている。多重債務に苦しむ高齢の女性の相談を受け、一千万円もの過払い金を業者から取り戻した。地元の裁判所支部では彼が赴任してから民事事件数が四倍に増えたという。弁護士がいないため、日の目を見なかった事件も掘り起こされたのだろう。

今年の卵はどんな法律家に成長していくのだろうか。彼らのキラキラした瞳を見ていると楽しみになる。

（二〇〇六年七月十二日）

「人治」から「法治」へ

改革の波は中国も同じだった。中国の北京、西安、成都を訪ね、司法関係者と意見交換する機会があったが、司法改革の真っただ中にあることを実感した。

特に世界貿易機関（ＷＴＯ）加入後は、従来の「人治」から「法治」に大きく変容しているという。その内容も法令の改廃、裁判所の充実、弁護士（中国は律師という）の改革など広範に及ぶ。

二十年前に中華全国律師協会が設立され、四年前に全国統一の司法試験が実施されるようになった。現在、律師の数は約十二万五千人、人口比でいえば一万人に一人程度（日本は約五千七百人に一人）だが、地域によっては律師がいない。弁護士過疎が問題になっている日本と似たような状況だ。

律師の社会的地位はまだ上昇過程にある。司法試験に合格しても、律師になるのは合格者の約四割、年六千人程度という。北京でガイドをしてくれた女性は独学で勉強して司法試験に合格したが、律師にならずガイドを続けるという。制度を変えていくのは簡単ではない。日中とも市民の視点に立った司法改革が実現するのを期待したい。

（二〇〇六年八月二日）

どさくさにまぎれて

数年前、破産事件があまりに増え、冗談で裁判所の破産部が破産しかねないと心配されたことがあった。破産件数はようやく小康状態になったが、多重債務の問題が片付いたわけではない。

多重債務の根源は、グレーゾーン金利にある。刑事罰のある出資法の上限金利（年利29・2％）と、利息制限法の上限金利（元本に応じて15─20％）の間の金利のことで、多くの貸金業者が「違法な」グレーゾーンを使っている。最高裁が利息制限法を超える高金利の強制は許されないという判決を出し、金融庁もグレーゾーン金利撤廃を目指していた。だが、土壇場になって貸金業界への配慮が目立つ改正案を公表したため、大騒動が起きている。

金融庁がグレーゾーン撤廃に特例を設けているなど数々の問題があるが、ここで指摘したいのは利息制限法の改正案で一部の金利を引き上げている点だ。例えば現行では元本十万円以上五十万円未満の上限金利は18％だが、金融庁案では20％と2％高くなる。百万円以上五百万円未満の場合は3％も高くなる。どさくさにまぎれてとんでもないことだ。多重債務を解決する視点を欠いてはならない。

（二〇〇六年九月十三日）

不安な初日

新しい店を構えた初日、本当に注文はあるのか。不安に駆られながら電話が鳴るのをじっと待つ経営者。法テラスのスタッフもきっとこんな心境だったに違いない。

日本司法支援センター（愛称、法テラス）が十月二日から稼働した。法テラスは司法改革の目玉で、いろんなトラブルの相談先を紹介する。しかし、初日の心配は無用だったようだ。東京は初日、二千三百件以上の電話が殺到。福岡市の地方事務所も順調な滑り出しだ。スタート一週間で百八件の問い合わせ電話と、五十件の民事の法律扶助相談があった。

私の法律事務所にも法テラスから法律相談の紹介があった。相談者は「新聞で法テラスのことを知り、インターネットで電話番号を調べて電話したら、紹介された」という。内容は仕事をめぐる法律関係について知りたいというものだった。もちろん私の事務所のことは何も知らずに連絡してきたわけで、「相談するのもどこに相談したらいいか分からない」という人には法テラスは頼もしい存在になりそうだ。

ただ、今後、うまくいくかどうかを握る最大の鍵は相談を受ける法律家。心していかねば。

（二〇〇六年十月十四日）

生存権

「すべて国民は、健康で文化的な最低限度の生活を営む権利を有する」。憲法二五条に定められた「生存権」である。広がる格差社会。生存権は本当に保障されているのか。抑えきれない疑問を抱きながら、釧路市で開かれた日本弁護士連合会の人権擁護大会に参加した。分科会のテーマは「現代日本の貧困と生存権保障」。現代の貧困がさまざまな角度から論議された。

百六万世帯に達した生活保護世帯。なお希望しながら受けられない人がいる。福祉事務所に相談しても「扶養義務者から援助を受けなさい」「六十五歳までは働ける」などと無理を言われる実態も報告された。

多重債務問題も貧困問題として取り上げられた。毎月五万、十万の利息が重くのしかかる。生活を切り詰め、借り増していく。ストレスから健康を害し、自殺に追い込まれる。鹿児島県奄美市の担当職員は「多重債務者救済は行政の責任だ」と訴えた。

憲法二五条二項にはこうも記されている。「国は、すべての生活部面について、社会福祉、社会保障および公衆衛生の向上及び増進に努めなければならない」。

（二〇〇六年十一月二日）

逆襲

最近、多重債務についての相談が微妙に変化していると感じる。言うまでもなく、グレーゾーン金利（灰色金利）の撤廃をめぐる動きを受けてのことだ。

質問その一「グレーゾーンはもうないんでしょう」。いや、グレーゾーンはまだ存在している。法改正が成立していない。なくなるとしても三年後の見通しだ。

質問その二「返済額の減額や過払いの返還請求ができないか」。最近の最高裁判決は「利息制限法が原則。特段の事情がない限りグレーゾーンの利息の支払いは無効」という立場が鮮明だから、貸金業者もそれに従う。過払い金があれば支払うことになっている。だから、この質問の答えは「可能だと思います」。

質問その三「では、すでに元利金を完済している場合は?」。うーん、利息制限法に基づいてグレーゾーンの金利の精算をするには「取引の履歴」（貸借の記録）が必要だが、古い取引では業者から「履歴」が出ないことがある。その時は工夫が必要だ。

長かったグレーゾーンの時代。苦しんできた人たちが逆襲の機会をうかがっている予兆を感じる。

（二〇〇六年十一月十五日）

動かぬ証拠

「言った」「言わない」。「もらった」「もらわない」。紛争や事件で双方の言い分が食い違うことは珍しくない。そんな時、ＩＴ（情報技術）が役に立つ。

例えば、警察庁が交通事故多発地点に設置している「交通事故自動記録装置」。交通事故時に発生する特有の音（衝突音、急ブレーキなど）を識別し、その前後の状況を自動的にビデオテープに記録・保存する。交通事故の一部始終が秒以下の単位で再現される。画面は粗いが、交通事故の瞬間がリアルに再現され「動かぬ証拠」となる。

携帯電話の受信・送信記録の精密さにも驚かされる。電話会社によっては、相手につながらなかった場合も、秒単位でどの電話番号にかけようとしたかまで記録する。携帯電話を頻繁に使う人の記録を見ると、その人の生活や人間関係が浮かび上がる。

記録というのは効果絶大。これを容疑者の取り調べでも役立てようというのが、東京地検が試験運用を始めた、取り調べの録画・録音である。しばしば問題になる取調室での捜査官と容疑者のやりとり。ＩＴというほど大仰な機材がなくても自白が強制されたか否かが一目瞭然《りょうぜん》。ぜひ広げたい。

（二〇〇六年十二月二日）

十八歳か二十歳か

とても大事な法案が、与党と民主党の修正で成立しかねない状況になっている。今国会の焦点といわれる国民投票法案のことだ。

両案の大きな違いは、投票権について与党案が二十歳以上、民主党案が十八歳以上というものだったが、与党案もこれを修正して十八歳以上にするという。

一見すると、民主党案が通ったようにみえるが、さにあらず。条件があるのだ。法案が成立してから施行されるまでの三年間に、公選法や民法などの法令を見直し、有権者や成人の年齢などを十八歳以上にするよう改正する。改正が実現するまでは投票権は二十歳に据え置かれるという。

選挙権十八歳以上は世界の趨勢《すうせい》で異論はない。しかし、公選法や民法の改正となると影響は大きく、国民的な議論が必要だ。少年法や未成年者喫煙禁止法・飲酒禁止法も含まれる。それらの改正が遅れると、結局、国民投票法の投票権は実質的に二十歳以上になってしまう。憲法改正の国民投票は重大な問題だから、できるだけ広く国民の意思を反映させるため、他の法令とは一線を画してでも十八歳以上とするべきではないか。少なくとも、政治の駆け引きで決めてはならない。

（二〇〇七年二月三日）

司法シンポへ参加を

六月二十二日、福岡市で、日本弁護士連合会主催の司法シンポジウムが開かれる。テーマは「市民のための弁護士をめざして」。

弁護士は、ＴＶドラマや法律相談所など、お茶の間では身近になったが、市民や中小企業には、まだまだ縁遠い存在のようだ。アンケートの結果がそのことを示している。まず、「敷居が高い」「もっと身近な存在になってほしい」という反応が目につく。

「分かりやすい言葉で話して」「料金を明確に」との指摘も以前からあった。刑事裁判の報道を見聞きしての感想だろうか、「弱者の味方であってほしい」「正義と公平を貫いて」と、厳しい注文や頼りにする声も少なくない。

一方で、地方の弁護士過疎は深刻である。医師のように一刻を争う救命の場面はあまりないとはいえ、弁護士がいない社会は審判がいないゲームと同じで無法地帯に等しいとの指摘もある。二〇〇六年からの司法試験の合格者が急増しているが、それによって都市部に集中するのでなく、弁護士過疎地をなくすことが重要だ。そのためには何が必要かをシンポで考える。

司法シンポは参加費無料。あなたも参加してみませんか。

（二〇〇七年六月十三日）

ひまわり弁護士奮闘記

六月二十二日、福岡市で日本弁護士連合会主催の司法シンポジウムが開かれた。弁護士の過疎解消が重要なテーマだった。弁護士過疎地につくられる「ひまわり基金の公設事務所」、そこで働く七十三人の弁護士が綴《つづ》った「ひまわり弁護士奮闘記」という本が会場で配布された。

そこには、身近に弁護士がいないばかりに、多重債務に悩んできた地域住民の姿が描かれていた。悩んできたというより、法によって解決することを知らない人たち。中には自殺した人や一家心中を図った人がいる。身内の借金をかぶり、健康を害し、家庭を失っていく人もいる。島根県浜田市に開業した弁護士は、二〇〇五年の開業以来二年半で、多重債務者に取り戻した過払い金の累計が十億円に達した。そこは全国最悪の過払い無法地帯だったと彼は言う。二〇〇六年一年間に起こした過払い金返還訴訟は五百九十五件。自殺まで考えた人が、借金がゼロになっただけでなく、過払いで数百万円の貯金を得て、「先生、死ぬのやめました。ハッハッハ」と言って帰ったことも一度や二度ではないそうだ。

各地で、ひまわり弁護士が頑張っている。

（二〇〇七年六月二十三日）

ゆうちょ銀行

国を被告とする損害賠償請求の裁判。スモン、カネミ、ハンセン病など大型訴訟が有名だ。

原告勝訴になると仮執行宣言がつく。仮に執行することができるという裁判所の命令で、強制執行の一種だ。裁判の確定前に強制執行ができるので、威力を発揮する。大型訴訟では損害額も巨額になる。原告は仮執行のため、執行官を確保し、現金を数える専門家を手配する。被告は控訴をして仮執行を止める。どちらも一定の準備期間が必要なので、一刻を争うバトルを繰り広げることになる。

国が被告の場合、仮執行の場所は、今までの常識では郵便局だった。郵便局に集まるお金は国の管理となり、郵便局が仮執行の舞台になった。後には、仮執行の混乱を嫌ってのことか、仮執行が予測される場合は国はお金を準備し、別の場所で仮執行をさせるようになった。また裁判所が混乱を避けるため、「判決後十四日経過して仮執行ができる」と明記する例も増えた。

郵政民営化で、郵便局は民間のゆうちょ銀行などになり、国のために仮執行を受けることもなくなる。郵便局を舞台にした攻防は、遠い昔の記憶でしかなくなるのか。うたた寂寥《せきりょう》。

（二〇〇七年十月三日）

指をはがしながら

刑事司法に構造的な問題があるのではないか、という問いかけが続いている。家族の名前を書いた紙を踏ませて自白を強要した鹿児島県の志布志事件、真犯人が現れて再審無罪となった富山強姦冤罪《ごうかんえんざい》事件。時を同じくして、東京地裁は、自白の約一ヵ月後に十分間だけ録画されたDVDの証拠価値を低く判断した。DVDは自白に転じる過程を撮影したものではない、という理由だ。

昔、福岡県久留米市の贈収賄事件の公判で、被告人の男性が、自らを取り調べた警察官を法廷で尋問した。警察官は、男性が否認するので、実況見分と称して職場に連れて行き、机に座らせて写真を撮り、手錠姿を同僚らの目にさらした。翌日夕、男性の息子が通う高校の下校時間に合わせ、手錠姿で市内を引き回し、ふたたび職場に向かった。男性は「行きたくない」と懇願し、階段の手すりをつかんで抵抗したが、警察官は指を一本一本はがして連れて行こうとした。堪えられず、自白した。男性は「あなたはそうして私に嘘《うそ》の自白をさせた」と問い詰めた。

自白させるため取調室以外で強制することもあるという一例だ。やはり、取り調べの全過程の録画が必要だ。

（二〇〇七年十月十七日）

住む権利

十三年前の今ごろ、阪神・淡路大震災の惨状に胸を痛めていた。一月十七日の地震発生後、日を追って被災者が増え、死者は六千四百人、全半壊（全半焼）家屋は二十四万棟を超える被害となった。

各分野で被災者対策が進むなか、神戸弁護士会では電話や面談による法律相談が始まり、全国からボランティアの弁護士が駆けつけた。借家・借地、建築紛争などの住宅関連の相談が多かった。混乱状態ではじっくり話を聞いてあげることが心のケアになった。

震災後、議員立法で被災者生活再建支援法ができたが、肝心の住宅再建支援は長い間手つかずだった。生活再建は自助努力が基本とされ、住宅という私的な財産被害に公的資金を使うことは憲法違反とまでいわれた。しかし、長崎県の雲仙普賢岳の経験や鳥取県西部地震での鳥取県の住宅再建支援、各種提言、被災者の市民運動などが国会を動かし、昨年十一月、ついに被災者生活再建支援法が改正され、住宅本体の再建にも一定の公的支援が受けられるようになった。とはいえ、緒についたばかり。その充実をはかることが今後の課題であろう。基本にあるのは、国民の「住む権利」の確立と思われる。

（二〇〇八年一月二十三日）

検事総長

検事総長といえば泣く子も黙る検察の頂点にある。そのこころは「秋霜烈日」。秋の霜と夏の激しい日に象徴される厳しさだ。ところが最近の検事総長は厳しさだけでなく、大衆性と柔軟性を併せ持つことが期待されている。

但木敬一さん、一日に退官した前検事総長だ。二十年前は法務省の課長で、司法試験の改革を担当した。実情を訴えて全国の弁護士会を行脚し、福岡にも単身乗り込んできた。そのとき「日本の法律扶助制度は貧弱で、国際的にも恥ずかしい。国の補助金を五年間で倍にしたい」と約束して帰った。

樋渡利秋さん、今度の検事総長だ。九年前は司法制度改革審議会の事務局長で、市民の意見を聞き、全国を回った。福岡の公聴会では、公述人の高校生が裁判官出身の委員に巧みに反論し、「有罪率が九九・九パーセントというのなら、裁判所はいらないでしょう」と切り返すのを、うなずきながら聞いていた。柔軟さを持った人と見えた。

福岡の公聴会でも多かった陪審復活の声。それが裁判員という形になって実現のときを迎える。樋渡さん、かたくなではなく、真に公益の代表者となるような検察行政を望みます。

（二〇〇八年七月五日）

司法卿　江藤新平

佐賀の書店ではご当地のためか中公新書の「幕末維新と佐賀藩」という本が売れている。著者は大阪市立大名誉教授の毛利敏彦氏。「薩長土肥」の一角、肥前(佐賀藩)が明治維新に果たした役割を鮮明に描いている。特に佐賀藩主・鍋島閑叟《かんそう》と維新初期に教育・司法の分野で力を発揮した江藤新平が中心である。

茶の間ではNHKの大河ドラマ「篤姫」が好評で、主に薩摩藩と徳川家からみた幕末期に関心が集まっているが、佐賀藩を主人公にしてその時代を見るとまた違った見方ができて歴史がおもしろくなる。

初代の司法卿・江藤新平は教育に司法にと大活躍し、明治維新を駆け抜けた人である。江藤は「国の富強の元は国民の安堵《あんど》にあり、安堵の元は国民の位置を正すにあり」という。国民の生活安定が優先するという考えは、格差社会の今日にも生きている。また、司法は「民の司直たるべき事」、つまり司法は民の幸せに奉仕せよという。司法は「稽滞《けいたい》(裁判遅延)冤枉《えんおう》(冤罪)の弊なきを要すべき事」ともいう。司法卿が冤罪防止をいうのは秀逸であり、現代の法務大臣にもそう言ってもらいたいものだと思う。

(二〇〇八年十月二日)

裁判所のファンを増やす

裁判所には、その運営に市民の声を反映するための裁判所委員会が置かれている。裁判所・検察庁・弁護士会の委員のほか、学者や作家、企業、労働組合、消費者相談、社会福祉協議会、商工会議所、マスコミなどから多彩な顔ぶれが選ばれる。

例えば、福岡地裁には福岡地裁委員会があり、市民の目線で、裁判所を利用しやすくするにはこうしたらいいといった提言などをしている。これを受けて最寄りの地下鉄駅に裁判所の案内板ができ、タクシー業界には地裁と家裁を間違えないようお願いをした。調停や少額訴訟などの小冊子を作って備え、法廷・和解室に裁判官の氏名を表示した。さらに、裁判官の出前講義や親子裁判所見学会を開くなどして、裁判所も少しずつ変わっている。

日本弁護士連合会は、裁判所委員を務める全国の弁護士の交流会を開き、ゲストに甲府地・家裁の大竹たかし所長を招いた。所長は「委員会は地域社会に開かれた窓であり、裁判所に新しい風をもたらしてくれる。裁判所から地域への情報発信もする。そして裁判所のファンを増やすことも大事」と言われた。裁判所のファンを増やすという発想は新鮮で、とてもいい。

（二〇〇九年三月十七日）

今こそ取り調べの可視化を

二〇〇四年五月、民主党の菅直人氏が年金未納問題で党代表を辞任したころ、民主党のパーティーで壇上に上がった有力者は、菅氏を除いて、もと自民党で活動していた人ばかりだった。このメンバーで新しい政治になるだろうかと思った。それから五年がすぎ、「国民の生活が第一」を掲げる民主党は古い政治とは違う政治をするかもしれないという期待を国民に抱かせた。

しかし今、相も変わらず、企業献金や政治資金規正の問題で揺れている。それだけではない。現職の国会議員が逮捕され、幹事長が「検察と全面的に対決」と言い、首相が「戦って下さい」とエールを送る。何だか変だ。

国民の税金から政党助成金を支出するのは政治とカネの問題にさよならするためではなかったか。政治家はその説明責任を尽くすべきではないか。

検察と対決すべき事件だとすれば、違法な取り調べがまかり通るのを防ぐため、この事件でも録画を実施する必要があり、今通常国会で「取り調べの全過程の可視化（録画）」を緊急提案して法制化すべきだと思う。取り調べの全過程可視化の法制化に対しては理解が得られるはずである。

（二〇一〇年一月十九日）

壱岐に二人目の弁護士が

人口三万八百人の長崎県壱岐市に二番目の法律事務所ができた。一番目は「法テラス」の法律事務所だったが、一月二十九日、郷ノ浦に「壱岐ひまわり基金法律事務所」がオープンし、東京から来た梶永圭弁護士が仕事を始めた。ひまわり基金法律事務所は全国の弁護士全員が特別会費を出し、その財政支援で弁護士過疎地に弁護士を送り出す仕組み。いわば全国ブランドの公設事務所だ。離島が多い九州・沖縄では壱岐の事務所は十七番目の公設事務所になる。

昭和四十年代初めまで壱岐にも弁護士が一人いた。対馬でも平戸でも、昔はあちこちに弁護士がいて地域の役に立っていた。高度成長期以降、人口の都市集中が進み、弁護士も都市に集中した。司法試験合格者が少ないことがその傾向に拍車をかけた。しかし、弁護士の偏在は社会にとって望ましいことではない。対策がとられるようになったのは、ここ十数年のことである。

壱岐ひまわり基金法律事務所の梶永弁護士は、弁護士過疎地で地域住民のために役立つ仕事がしたくて弁護士になったという。「げた履きで行ける法律事務所」を目指して頑張ってほしい。

（二〇一〇年二月十二日）

Ⅲ　さまざまな事件と法

横浜事件

「横浜事件」、と聞いても、さてどんな事件だったろう？　と首をひねる方も多かろう。

時はさかのぼる。太平洋戦争のさなかである。当時、リベラルな雑誌として知られた「改造」や「中央公論」の編集者や評論家らが、いわれなく逮捕された。その数六十人。事件名は、治安維持法違反であった。それが「横浜事件」といわれている。

その当時、思想を取り締まる警察「特別高等警察」（特高）というのがあった。特高は、ひどい拷問をするのを、何とも思わなかった。

横浜事件で逮捕された編集者らに自白をさせるために、特高は、拷問を行った。その拷問で二人が死亡した。三十人が治安維持法違反で起訴され、全員執行猶予付きの懲役刑を言いわたされた。出獄直後、二人が死亡した。

治安維持法はポツダム宣言で失効した。この、歴史上最悪の法律は、外国の圧力によって失効した。

戦後、憲法がうたいあげたもの。それは、治安維持法を許さないという、精神的自由の権利であった。

憲法には歴史が秘められている。十日、東京高裁は横浜事件再審開始を決定した。快挙。

（二〇〇五年三月十二日）

幻のＥＳ細胞

韓国の黄教授による胚《はい》性幹細胞（ＥＳ細胞）の論文が捏造《ねつぞう》であることが明らかになった。あまりのことに呆《あき》れるばかりだが、実はちょうど一年前、日本弁護士連合会がヒト胚やＥＳ細胞の研究・利用のあり方について意見書を出していた。今回の問題と密接にかかわるのであらためて経緯を紹介したい。

一九九七年、クローン羊ドリーが誕生し、クローン人間ができる可能性が出てきた。しかし日本はクローン人間の作出を禁止し、ヒトクローン胚などの研究・利用について指針で定めることにした。一方、九八年には米国でＥＳ細胞が作られた。ある人の体細胞からクローン胚を作り、そこからＥＳ細胞ができれば、その人の身体の一部の器官ができるかもしれないと期待された。

二〇〇四年二月、世界で初めてヒトクローン胚からＥＳ細胞をつくったと発表したのが黄教授ら。各国の科学者は焦り、その流れの中で日本も同年七月、ヒトクローン胚の条件付き作成・利用に向けて方向転換を図ろうとした。日弁連意見書はそれが拙速であると批判したのである。焦ってはならない。あらためてそう実感する。

（二〇〇六年一月十四日）

拉致被害者

日朝協議が八日終わった。核・ミサイル問題、国交正常化交渉、拉致問題の三つが並行して開かれたが進展はなかった。

一年前、日本弁護士連合会は、人権救済の申し立てを受け、日本政府に拉致問題について要望した。申し立て対象の十六人が北朝鮮当局から拉致された疑いがある。拉致は人権侵害だから、日本政府は北朝鮮に究明を働きかけ、所在が確認されたら帰国交渉をするべきだ—。

拉致被害者といえば、帰国した五人の方や横田めぐみさんはよく知られ、これらの方を含めた十六人は日本政府が拉致被害者として認めている。うち十三人は北朝鮮も拉致を認めている。しかし、ほかにも拉致被害者ではないかと疑われるケースがある。日弁連はそんな人たちについても拉致の疑いがあると指摘した。だが、目撃情報などの直接証拠に乏しく、政府は認定に慎重である。認定されないと拉致被害者支援法の適用も受けられない。

今回の協議で日本政府は生存者の帰国や真相究明を求めたが、北朝鮮側は「解決済み」の基本姿勢を崩さなかった。今後も協議は続くというが、その成果が気がかりである。

（二〇〇六年二月八日）

肩すかし

欲求不満の判決だった。今月九日、横浜事件の再審で横浜地裁が言い渡した判決のことである。「無罪」ではなく「免訴」だった。

戦時下最大の言論弾圧といわれる横浜事件。東京高裁は昨年三月、その再審開始を認める画期的な決定を出した。何が画期的かといえば特別高等警察の拷問による虚偽の疑いのある自白が唯一の証拠であるから無罪判決が相当だとの判断を示したことである。拷問を行った元警察官が特別公務員暴行傷害罪で有罪判決を受けていたことが新たな証拠になるとも述べた。まさに事実から目をそらさず真正面から向き合った決定で、司法の良心はここにあり、と思った。

ところが横浜地裁判決は、東京高裁が無罪への再審開始を決定したのだから、正面から事実を認定して無罪にすればいいのに、法律の理屈をこねて免訴にしてしまった。免訴とは犯罪事実の有無を判断せずに裁判を打ち切ることだ。やりきれんなあ、この肩すかし。免訴でも名誉回復は可能だというが、六十年前の有罪判決の事実は残ったままだ。

日本の戦後処理はまだ終わっていない。あらためてそう感じた。

（二〇〇六年二月二十二日）

小さなニュースにも

耐震偽装、ライブドア事件、防衛施設庁談合。構造改革の影が浮き彫りになったのに、このところの政局はメール問題で混迷が続いた。メール問題も重要だが、もっと大事な問題への関心が失われていきそうで怖い。そんな時だからこそ、小さなニュースにも気を付けている。その一つが国民投票法案の問題だ。

二月二十六日、大阪で憲法改正のための国民投票法案に関する公開討論会が開かれた。自民党の船田元・憲法調査会長は、有権者を原則十八歳以上、投票方法は原則条文ごとに個別投票という方向を示し、民主党と公明党の出席者も同調したという。

論点はほかにもある。憲法改正には国民の過半数の賛成が必要だが、何の過半数とするのか。有権者か投票総数か、それとも有効投票数か。最低投票数をクリアしないと無効とする定めを置くべきか。マスコミ、ミニコミ、戸別訪問などの国民投票運動を規制するのか。発議から投票までの周知期間は何日か。在外邦人に投票を認めるか。挙げればきりがない。

大事なことは国民主権。私たちが法案の問題点を把握し、十分に議論をすることが欠かせない。

（二〇〇六年三月四日）

「東京裁判」判決を読む

今年五月三日は、東京裁判の開廷から六十年目だった。日本の戦争指導者を裁いた東京裁判をめぐってはさまざまの評価があるが、最近、小泉首相の靖国神社参拝問題と絡んでまた論議が盛んになっている。靖国神社には、東京裁判で有罪となった「A級戦犯」が合祀《ごうし》されているからだ。

大型連休がいい機会だと思い、東京裁判の判決文を裁判所の資料室から借りてきた。とはいえ、小さな活字で三百ページ超。裁判長が法廷で朗読するのに一週間かかったといわれる。読み応えは十分だった。

読後感。「戦勝国が敗戦国に復讐《ふくしゅう》した裁判」との批判もあるが、量刑はともかく、冷静に事実を認定していると思った。満州事変、盧溝橋事件、対中戦争、そして対米、対オランダ戦争。十八年間連続した東アジアと太平洋の支配のための国際条約違反、戦争行為が裁かれていた。

特に捕虜や民間人に対する日本軍の残虐行為。その中には、福岡の西部軍で起きた裁判なしで捕虜を殺害した事件にも触れられていた。歴史から目をそらしてはならないと感じた。

（二〇〇六年五月十日）

暑く、熱い夏

「だから私あれ以来参拝してない」という衝撃の昭和天皇発言メモ、小泉首相の八月十五日靖国参拝、自民党総裁選への影響。酷暑に見舞われた今夏は、例年になく靖国、戦犯問題で熱かった。

ふだんは温和な友人が怒っている。A級戦犯の孫が靖国神社の分祀《ぶんし》についてある新聞でこう語っていたからだ。「汚れた俗世間の人間が神様の神格を剥奪《はくだつ》できますか」。開戦の責任を負う東条英機が神様で我々は汚れた人間か、と。

私は、春に靖国神社の遊就館を見学し、五月の大型連休にA級戦犯を裁いた東京裁判の判決にじっくり目を通した。夏にはBC級戦犯の本を読んだ。横浜弁護士会の「法廷の星条旗」（日本評論社）では、横浜地裁で開かれたBC級戦犯裁判を通して「法の支配」を考えさせられた。この本で取り上げられた福岡大空襲翌日の米軍パイロット処刑事件（西部軍事件）、玉音放送後の米軍パイロット処刑事件（油山事件）は、福岡で起きたBC級戦犯事件である。無関心ではいられない。

確かにいろんな意見が存在する。だが謙虚に歴史と事実に向かいあうことが大切だと思う。

（二〇〇六年八月二十三日）

犯罪被害者の心

車の中で流れていたFM放送の女性の話に思わず聞き入ってしまった。その女性は、ある少年によって大けがを負わされた被害者である。顔面を含む大やけど。大変な心痛だったに違いない。

加害者に対する怒りや憎しみがあって当然だろう。しかし女性は少年院を訪ねて少年と三回の面会を重ねた。少年は心から謝罪し、女性は少年をサポートする施設側のシステムに納得したという。もうすぐ少年は社会に出てくる。少年の更生を支える周辺の態勢ができれば安心だとも話していた。

二年前、福岡市で起きたエステ店殺人事件の中国人の被告人が、中国の裁判所で執行猶予付き死刑判決を受けた。中国は世界でも多く死刑判決が下される国の一つであるが、死刑に執行猶予が付けられるのは珍しい。二年の執行猶予が終われば無期懲役になる可能性もあるという。

「死刑になっても気持ちは晴れない」と考えた遺族の嘆願書を裁判所がくみ取った結果だという。「まじめに服役して親孝行して罪を償ってほしい」という遺族の言葉は重い。

犯罪被害者の心は、重く罰することだけでは救われない。

（二〇〇六年十二月十三日）

無罪確定を

十二人全員無罪―。二月二十三日、鹿児島地裁で言い渡された鹿児島県議選をめぐる公選法違反事件（志布志事件）の判決に、戦後最大のでっち上げ事件として有名な「松川事件」を思い出した。一九四九年、福島県で列車が転覆し、三人が死亡した。組合員ら二十人が列車転覆を共謀したとして起訴されたが、共謀者の一人が当時、別の場所にいたことが判明、裁判では「検察官の主張は砂上の楼閣である」とされて全員無罪となった。

志布志事件も判決で、買収会合に参加したという県議のアリバイを認め「一部の買収会合の事実は存在しなかった」とされた。捜査官による自白偏重のたたき上げ捜査が「無を有にして起訴する」という見本だ。

それにしても志布志事件は近来まれな事件だった。「踏み字」などの違法な取り調べ。検察官は弁護人と被告人の接見内容を聞き出して裁判所に国選弁護人の解任を申し立て、裁判所も認めた。高裁は地裁の保釈決定を覆した。警察、検察、裁判所による被告人追い込みの構図と言えるだろう。弁護士過疎も含め、司法の質の問題が凝縮されていた。無罪を確定させることが司法の良心ではないか。

（二〇〇七年三月三日）

やっぱり可視化だ

メールは使わない、なんて弁護士はもう言えない。民事紛争の経緯を電子メールの記録で把握することも増えている。電話は録音、手紙はコピーか内容証明郵便にしないと記録が残らない。その点、電子メールは、送った方も受けた方も記録が残る。

お金を無心されたときのやりとり。トラブルになった仕事の打ち合わせ。民事紛争では、しばしばその内容をめぐって双方の言い分が食い違うが、メールの記録があれば、紛争処理の手助けになることがある。

もちろん、メールは手軽な反面、誤字脱字があったり、感情のままに送信して、相手の神経を逆なでするような表現が余計に紛争をややこしくすることもある。ただ、メールのやりとりを再現すればその場の雰囲気も伝わり、客観的な記録として第三者も検証できる。

取り調べも同じだ。北方事件、鹿児島県議選挙違反事件と相次いだ無罪確定事件でも、取り調べの一部始終が録音・録画されていれば展開は違ったろう。密室の取り調べだからこそ客観的な検証が必要だ。裁判員制が始まるまでに可視化を実現してほしい。

（二〇〇七年四月四日）

東京裁判とパール意見書

今年の夏、極東国際軍事裁判（東京裁判）について、見応えあるテレビ番組があった。それは、ヒストリーチャンネルの「東京裁判」とＮＨＫスペシャル「パール判事は何を問いかけたか」の二本。

特にＮＨＫの番組は、全員無罪の意見を書いたパール判事の言動を中心に、これまでの俗論を正し、パール判事も軍の残虐行為には厳しい意見を述べていることを紹介した。あらためて目を開かされ、判決全文が収録された「東京裁判」（朝日新聞法廷記者団）を資料室から借りてきて、パール意見書を中心に読みふけった。

パール意見書では、「バターン死の行軍は実に残虐である」「泰緬鉄道に関しては……日本側は戦争犯罪を犯したことになる。（略）この使役に関しては被告東条が全面的に責任があると、躊躇《ちゅうちょ》なく言明する」と指摘。決して日本の戦争責任を否定していない。

その上でパール氏は、戦後日本が得た平和憲法の精神が世界に広がってほしいと、一九六六年に訴えている。日本だけでなく、世界の人々が武力を捨て政治を考えるべきときだ、と。今回訪印した安倍首相は、どんな思いでパール氏の長男と会ったのだろうか。

（二〇〇七年八月二十五日）

冤罪を語れない法相

深みにはまるとはこのことか。鳩山邦夫法相の冤罪《えんざい》発言は行くところまで行き着いた。

初めは全国検察庁のトップを集めた検察長官会同で「志布志事件（選挙違反事件）は冤罪と呼ぶべきでない」と発言した。その後の記者会見で「冤罪という言葉は服役後に真犯人が現れるなど、百パーセントぬれぎぬの場合を言い、それ以外の無罪事件まで冤罪を適用すべきでない」と釈明した。

しかし、その考えは狭過ぎる。「冤罪とは罪がないのに疑われたり、罰せられたりすること」（大辞林、国語大辞典）。痴漢冤罪という言葉もあるほどで、無実なのに疑われ、裁判にかけられることも冤罪というのが通常だ。

最高裁で死刑が確定し、再審で無罪になった免田、財田川、島田、松山事件。高裁で死刑判決、最高裁で破棄差し戻し後、高裁で無罪判決の松川事件。すべて真犯人は現れていないが、それを冤罪と言わずして何としよう。

法相は、今後公式の場では冤罪という言葉を使わないという。とんでもないことだ。法務省のトップは、冤罪の防止に努めると言い続けてもらわねばならない。冤罪を語れない法相なんて、どこの世界にあるものか。

（二〇〇八年二月二十日）

刑事裁判の風通し

二十数年前、刑事訴訟法の大家の平野龍一博士は「わが国の刑事裁判はかなり絶望的である」と指摘し、刑事裁判には多くの問題があると警鐘を鳴らした。

刑事訴訟の原則では被告人は無罪の推定を受けるのだが、逆に有罪の推定を受けているようだといわれた。「調書裁判」といわれ、判決が捜査側の調書をもとに書かれる現実。

それから二十年。司法改革の一環として、裁判員制度が実施される。

刑事裁判を担当してきた裁判官が「裁判員制度が始まると日本の裁判はガラッと変わるはず」として期待をかける。公判廷の証言を中心にして裁判が行われ、刑事訴訟の原則が尊重されるならば、裁判はもっと充実したものになり、もっと真実に近づくことができるかもしれない。でも、市民が入ったというだけで裁判の中身が旧態依然としていたのでは、かえって逆効果になるかもしれない。

最近、裁判員制度を意識させる判決も現れている。例えば、昨年の広島市放火殺人事件、先の八幡西殺人放火事件の福岡地裁小倉支部判決。さて日本の刑事裁判の風通しは本当に良くなるだろうか。試されている。

（二〇〇八年三月十日）

再審・布川事件

四十一年前、茨城県利根町布川で起きた強盗殺人事件（布川事件）について、東京高裁は地裁の再審開始を支持する決定をした。

被告人は捜査段階で自白と否認を繰り返したが、公判では一貫して無実を主張した。一、二審は有罪で、最高裁で無期懲役が確定した。刑務所に入っても冤罪《えんざい》を主張し、仮釈放後は再審手続きの闘いを続けた。インターネットで「布川事件のホームページ」を見ると、どうして虚偽の自白をしたのか詳しく書いてある。誰でも陥るわなに捜査員からはめられたというのだ。

この事件はまるで冤罪の典型だ。高裁決定は刑事司法を映す鏡でもある。課題は多い。第一に自白調書を偏重しないこと。高裁は自白の変遷、客観的事実との食い違いから自白の信用性を否定した。第二に取り調べの全課程を録画・録音すること。高裁は、自白の一部を録音したテープに証拠価値を認めなかった。第三に全面的な証拠開示をすること。検察側が出さなかった目撃者の調書が再審で提出され、高裁決定の大きな原動力になった。

裁判員裁判とともに、この三つの課題を解決したいものだ。

（二〇〇八年七月十九日）

大野病院事件

昔、福岡県内の公立病院で帝王切開で出産した産婦が癒着胎盤のため大量出血で死亡した。遺族が民事訴訟で最高裁まで争ったが、請求は認められなかった。癒着胎盤はまれなケースだから、医師の過失はないというのがその主な理由だった。

およそ二十年が経過して、福島県立大野病院で似たような事故が起こり、民事を飛び越えて刑事事件として医師の犯罪かどうかが争われた。

この間、医学は進み、書物に癒着胎盤の記載が増えていたと言える。医学生向けの「標準産科婦人科学」には「帝王切開の既往があり癒着胎盤が疑われる場合は、輸血確保の容易な輸血部のある施設で、麻酔医の管理下で帝王切開を行わなければならない。胎盤剥離《はくり》で剥《は》がれない場合や止血不能例では直ちに子宮全摘を行う」とある。

大野病院の事件では教科書通りには処置されなかったが、医師は無罪。判決を読めば妥当な結論といえるが、生命を預かる医療機関の責任は重い。実地臨床は教科書通りにはいかないとわかっていても、臨床を教科書レベルに上げてもらわねば患者が困る。医療事故を減らす努力を怠ってはならない。

（二〇〇八年九月十三日）

司法の反省

横浜地裁で先日あった、戦前最大の言論弾圧とされる「横浜事件」の判決（有罪無罪を判断せず裁判を打ち切る免訴判決）の記事を読みながら二つの事を思い出した。戦前、治安維持法によって、共産主義者から自由主義者、宗教者まで弾圧された。同法違反で摘発されたのは約七万名、起訴された者は約六千名、取り調べの拷問で虐殺された者や獄内外で死亡した者は約千七百名に上るという（森正「治安維持法裁判と弁護士」）。弁護士が治安維持法事件を弁護しただけで摘発、起訴された。有罪となった弁護士は弁護士資格がはく奪された。日本弁護士連合会は、一九八三年、はく奪されたその弁護士資格を戻し、せめてもの名誉回復を図った。

国家総動員法もまた戦時体制を支えた。四十三年、山梨県の旧甲府弁護士会は「弁護士は国家総動員法違反事件を受任してはならない」という決議をした。今では信じられないことだが、弁護士会まで迎合したことを示すエピソードだった。二〇〇二年、同県弁護士会は、決議を取り消し、過ちを二度と繰り返さないことを誓った。

横浜事件は司法の反省を示すチャンスであったはずなのに……。

（二〇〇九年四月三日）

最高裁のメッセージ

満員電車内で起きたとされる痴漢事件の被告人に対し、先ごろ、最高裁判所が逆転無罪を言い渡した。下級審が認めた事実を最高裁が「誤りだ」と指摘した珍しい判決で、多くの司法関係者を驚かせた。

被害者とされる十七歳の女子高校生は、通過中の駅名などを挙げて「下着に手を入れられた」などと具体的に証言。一方、被告人の男性は捜査段階から一貫して犯行を否認。目撃者はおらず、男性の指に下着の布片も付着していないなど、ＤＮＡ検査も含めた客観的な証拠はなかったが、さりとて無罪の決め手となる証拠も見当たらなかった。

こんなとき、どう判断するのか。一審も二審も、被害者の証言が詳細で具体的という理由などで有罪としたが、最高裁は、五人中三人の裁判官が、被害者の証言には疑いを入れる余地があるとして、「疑わしいときは無罪」とする原則に沿った判断を示した。

「被告人を有罪にすることには合理的な疑いが残る〝グレーゾーン〟の場合は無罪とする」。裁判員制度がスタートしたいま、最高裁が、プロの裁判官はもとより市民裁判員にも、そんな強いメッセージを込めた判決だったような気がする。

（二〇〇九年六月二日）

冤罪事件の夜明け

「空が違いました」。一九九〇年に四歳女児が殺害された足利事件で、十七年半ぶりに釈放され、再審での無罪が確実視されている菅家利和さんの顔はさわやかだった。無期懲役からの「どんでん返し」は、刑事事件の捜査に多くの課題を投げかけた。

逮捕の決め手とされたＤＮＡ鑑定の結果が間違っていた。「まさかそんなことが……」。だれもがそう思う。ウソの自白で作成した調書と、現在よりも精度がかなり低かったＤＮＡ鑑定の結果で裁判所が判断を誤った。最高検の幹部が過ちを認めて異例の謝罪をしたが、失われた人生は取り戻せない。

「やっていない」と言う人を、長時間にわたって密室で取り調べ、暴言、詐言、ときには暴力を用いて強引に自白を引き出す捜査手法が冤罪《えんざい》を生む温床になっている。根絶するためには、取り調べの全課程を録画・録音し、容疑者の自白が本人の意思で語られたかどうかを明らかにするほかにない。

もっと深刻なことがある。無実の人が死刑判決を受け、刑が執行されていたら……。取り返しがつかない過ちを防ぐため、日本弁護士連合会は、死刑執行停止法の制定を求めている。早急に検討すべきだ。

（二〇〇九年六月十二日）

海賊対処法はどこへ

数年前、対馬沖で中国から来た運搬船に、漁獲物を積み替えたとして海上保安庁から検挙された中国漁船の乗組員の弁護を担当した。魚を捕っては、次々と運搬船で運び出す〝漁場荒らし〟を取り締まる外国人漁業規制法違反事件だった。

海上保安庁は、日本の周辺海域など「近場の海」の安全を守るのが主な任務と思われてきた。マラッカ海峡の海賊問題が浮上しても、憲法の制約から、周辺諸国には、主に技術や財政面の支援にとどめ、成果を上げてきた。

ところが、ソマリア沖の海賊問題を契機に「参院否決」「衆院再可決」を経て成立した海賊対処法は、海保の活動範囲を広げ、自衛隊も海賊行為に対処できる道を開いた。海賊から外国船も守り、隊員の生命身体に危害が及ぶ正当防衛等の場合に限って認められていた海外での武器使用も、海賊対処行為の名の下に許されることになった。

この法律の処罰範囲は広く、海賊目的で他船に著しく接近する行為や、凶器を準備して船舶を航行させる行為まで処罰される。日本で海賊が起訴されて裁判になったらどうなるのか、疑問だらけだ。海賊対処法は一体どこへ行こうとするのか。

（二〇〇九年六月二十四日）

菅家さんの録音テープ

足利事件の菅家利和さんを取り調べた録音テープを検察庁が開示した。一二〇分テープで十五本もあったと聞いて、「これは一体何だ」と思った。今まで捜査側は「取り調べの全過程の可視化」の要求に対し、「一部しか録画・録音しない」というかたくなな態度だったのに、とうの昔に全過程の録音をしていたことを世に示すものだからだ。菅家さんに対してできることなら、他の事件でもできるはずだ。やってもらいたい。

菅家さんは、足利事件の公判が始まった当初、家族に「私は無実です」という手紙を書いていた。しかし、法廷では検察側に話を合わせて犯行を認めていた。ずっと後の公判で、家族へ無実を訴えた手紙を読まれ、初めて「自分はやっていません」と答えたという（菅家利和「冤罪《えんざい》」）。

テープに収められた事件は別件の女児殺害事件で、足利事件の公判中に再逮捕して取り調べが行われた。テープには、初め犯行を否認していたが説得されて自白させられた過程が記録されているという。知りたい。聞いてみたい。人がやすやすと罪に陥れられていくさまを。このテープは、広く国民に公開すべきものだ。

（二〇〇九年十月九日）

冤罪被害者もの申す

去る十二月六日、鹿児島県志布志市で「取り調べの全面可視化を求める！　市民集会」が開かれ、全国から冤罪《えんざい》被害者が集まった。足利事件で十七年間服役し、再審無罪が確実とみられる菅家利和さんは、ＤＮＡ鑑定をたてに怒鳴られる恐怖から自白をしたといい、今でも自分を取り調べた捜査官を許せないと厳しい顔で言う。公判途中まで、傍聴席に刑事がいると思うとビクビクして「私は無実です」と言い出せなかった。

富山県氷見《ひみ》事件で二年間服役し、真犯人が現れて無罪になった柳原浩さんは、裁判官に無実を訴えると警察官に「否認するな」と脅され、取調室の白い壁が精神的に強い圧力になって自白に追い込まれ、自殺まで考えた。

兵庫県甲山《かぶとやま》事件の山田悦子さんも、鹿児島県志布志事件の懐《ふところ》俊裕さんもあまりの過酷さに自殺を図った。強盗殺人で無期懲役の判決を受け二十九年間服役した茨城県布川《ふかわ》事件の桜井昌司さんは、明るく、笑わせながらも、力強く取り調べの全面可視化を訴えた。

民主党はマニフェストで「取り調べの可視化で冤罪を防止する」と言う。ただちにそれを実現せよ！　と迫る冤罪被害者の声に圧倒された。

（二〇〇九年十二月十六日）

Ⅳ　裁判員裁判の行方

ハワイの裁判

ハワイ旅行の機会があったら、ぜひ一度、ホノルルの裁判所を見学されることをお勧めしたい。そこでは陪審裁判が行われているからだ。

私は数年前に見学した。

法律家（裁判官・検察官・弁護人）は、陪審員が並んで法廷に入ってくるのを、起立して迎える。審理が終わると、ふたたび起立し、評議に向かう陪審員の退場を見送る。そんな光景が珍しかった。

陪審員は普通の市民なので、老若男女さまざまである。普段着でアロハシャツやTシャツ姿も多い。照れながら歩く若い陪審員もある。

これに対して、法律家の側は、暑いハワイでも服装を乱さない。裁判官は法服を着、検察官や弁護人はスーツを着ている。

私にはその対比がおもしろく思われた。また、法律家が起立して送迎する光景に、陪審員への敬意を示す伝統を感じた。

五年後に始まる日本の裁判員裁判。陪審とは少し違う仕組みだが、市民が主体的・実質的に参加することが求められることは同じだ。

（二〇〇四年十二月四日）

無罪評決

マイケル・ジャクソンが無罪の評決を受けた日、陪審員たちが記者会見した。その様子はテレビ放映され、写真も配信された。陪審員が会見するなんて、いかにもアメリカらしくおおらかだ。

その写真がとても良かった。陪審十二番の女性は目を輝かせ、体ごと弾んでいる。陪審五番の女性は顔の前で両手をあわせ「そうなのよ、あなた」とでも言いそうな、得意満面の顔。別の男性は「ま、こんなもんだ」とでも言っているように、静かに構えている。充足感と和やかさもある。カルティエ・ブレッソンの一枚の写真のように、いろんなことを考えさせてくれた。

陪審員たちは、三カ月間ほぼ毎日裁判所に通った。証人は百四十人近い。初めは有罪と考える陪審員もいたが、最後は全員で、無罪と評決した。

陪審員たちは「合理的な疑いなく有罪と言い得る程度にまで証明されていると言えるだろうか?」(beyond the Reasonable Doubt) という原則を守って、評決したと言っている。これがまた素晴らしい。それが刑事裁判の原則であり、基本なのだから。その精神が写真からも伝わってくる。

(二〇〇五年七月九日)

裁判官と一緒に

三年半後にスタートする裁判員裁判。国民が裁判官と一緒になって刑事事件の判決をつくる新しい制度に向け、さまざまな準備が進んでいる。例えば、裁判員の席を設けるための法廷の改装、難しい法律用語をわかりやすくする工夫、短期間で判決を出すための訴訟手続きの改正。ハード、ソフト両面で取り組んでいる。

法律には素人の市民がいきなり裁判にかかわるわけだから、裁判官・検察官・弁護人の意識改革も必要だ。何をどう変えるのか。そのための模擬裁判も各地で行われている。パソコンや図を使って説明したり、書面を棒読みしないでゆっくりと話しかけるようにしたり、と、いろいろ工夫している。実際の法廷でも大型スクリーンで事件の経緯を説明する検事もいる。試行錯誤が続いているが、それでも模擬裁判の参加者からは証人の証言内容を自分の頭でじっくり判断する時間がほしいといった注文が出ている。

「国民と司法のかけはし裁判員制度」。大きな横断幕が裁判所の正面にかけられている。国民の司法参加は世界の潮流。足らない点は多々あるだろうが、ひとつひとつ改善しながらいい仕組みをつくっていきたい。

（二〇〇五年十月十九日）

裁判員裁判

「裁判員裁判はなかなか大変です」と添え書きした年賀状をいただいた。裁判所の方である。

来年五月、裁判員裁判が始まる。この制度では、無作為に選ばれた市民が指定された殺人などの重大刑事事件で有罪無罪や量刑を決める手続きに参加する。今年末には候補者に通知が届く予定で、関係者は準備に余念がない。

諸外国には、市民だけで有罪か無罪かを評決する陪審制や、一定期間、市民が裁判官とともにさまざまな事件の審理に当たる参審制がある。実は、日本でも昭和三年から十八年まで陪審裁判が実施されている。大正十二年、貴族院議員で、高名な刑事弁護人でもある花井卓蔵が「陪審は民意を司法に酌《く》むの制度であります」と賛成演説をぶったと伝えられている。この陪審裁判は無罪率が高かったようであるが、経済恐慌と戦争へと突き進む中で、資格者が富裕な男子に限られるなどの欠陥もあり、実施件数が伸びなかった。

裁判員裁判は、国民の司法参加としては戦後初の本格制度である。戦前の轍《てつ》を踏むわけにいかない。今までの制度を見直し、取り調べの録画・録音や、証人尋問の工夫などが必要となる。一年はあっという間に過ぎる。

（二〇〇八年一月五日）

取り調べの録画の範囲

来年五月に導入される裁判員裁判で自白の任意性を立証するため、警察でも取り調べの録音・録画を試行することになった。

五日、鹿児島市で、鹿児島県議選に絡んで公職選挙法違反の罪に問われた被告全員が無罪になった志布志事件をテーマにシンポジウムが開かれた。ジャーナリストの鳥越俊太郎さん、元検事の土本武司さん、学者の指宿信さんに加え、この事件の冤罪《えんざい》被害者や弁護士の発言もあって議論が深まった。

シンポでは、取り調べの録音・録画が焦点の一つになった。そこで分かったのは、警察が試行するのは調書の読み聞かせ段階の録画であること、時間にして「二十分から数十分程度」らしいということだ。一部始終は記録せず、調べが進んで調書の形になったところで、読み聞かせや署名する場面だけを録画するのだという。そうだとすれば、自白に至る過程で違法・不当な調べがあったとしても記録に残らない。

警察が取り調べの録画に踏み出したのは一歩前進といえそうだが、十分とは言い難い。志布志事件や富山の強姦《ごうかん》冤罪事件を教訓にして、取り調べの始めから終わりまでを録画するようにすべきだ。

（二〇〇八年四月十六日）

集中審理を経験して

裁判員裁判では相当裁判の仕組みが変わる。次の裁判期日まで間を空けず、できるだけ連日の集中審理で開廷される。調書中心の裁判をやめて証言中心の裁判になる。そこで全国の裁判所では、いま集中審理と公判中心主義の試みが始まっている。試行錯誤のため折衷的なことも多いが確実に法廷が変化している。

裁判は証言中心といっても、まだ調書中心になる場合もある。それでも裁判所は法廷で取り調べる調書を少なくするよう検察官に求め、検察官は全文朗読して訴訟関係者に聞かせる。被告人や傍聴人にもよく分かる。実際に聞くと、調書の要旨を述べるより全文朗読の方がニュアンスが伝わり、正確である。あらためて、調書が任意に作られたかどうかが試金石となる。同時に、検察官と被告人・弁護人が対等に、公訴事実について争うためには、検察官の手持ち証拠が全面的に開示されることが必要だ。

また、一日がかりの集中審理を経験すると、長時間の緊張で、法廷に立った弁護士も頭の芯から疲れた。裁判員はなおさら、かなりの緊張を強いられるだろうと思わずにはいられなかった。

（二〇〇八年八月二十日）

裁判員の始動にあたり

「国民の七割は裁判員制に反対」という言い方があるとすれば、それは正しくない。調査では、「あまり参加したくないが義務なら参加せざるを得ない」が四十五パーセント。これを渋々でも参加するという回答と考えれば、積極参加を含め「参加する」は六割になる。反対に「義務であっても参加したくない」は四割弱だ。年代的には若年・壮年層が積極的で、決して国民の多数が、来年五月に始まる裁判員制に反対しているわけではない。

裁判員制はよく英米の陪審制と比較されるが、「ある日、あなたが陪審員になったら…」（信山社刊）というフランスで発行された大人向けの絵本を読むと、裁判員制は同国の制度に似ている。重大事件を対象に、裁判官とくじで選ばれた市民が有罪無罪や量刑を決めるところが同じだ。ただし、同国は裁判長の権限が強いほか、死刑廃止国であり、そこが大きく日本と違う。

裁判員も死刑判決にかかわると考えると気が重くなり、参加をためらう人がいるだろう。隣の韓国では一九九八年から死刑執行を停止し、今年から市民が参加する国民参与裁判を導入した。日本も死刑執行を停止したらどうだろう。

（二〇〇八年十月十八日）

裁判員制度ができる過程

裁判員制度の背景には、司法への国民参加を求める市民の意見の後押しがあった。二〇〇〇年、大阪、福岡、札幌、東京で司法制度改革の公聴会が開かれ、現状を変えるため司法への国民参加（陪審・参審）が必要という意見が寄せられた。

福岡では六人の公述人のうち四人が国民参加を求めた。三十五年の裁判官歴がある弁護士山本茂さんは、裁判所は捜査段階の自白をたやすく信用し、判断は時に形式論理に過ぎ、量刑もおおむね相場通りで、「生きた裁判になっていないと思われるものがある」と指摘した。高校生の水元佑美さんは社会研究部での成果を発表し、陪審制導入への期待を語った。

水元さんは質問を受け、起訴された事件の九十九・九パーセントが有罪という現状は高率すぎ、「それだけ検察官の判断が合っているのなら裁判所はいらないんじゃないか、という意見に達したんです」と答えた。逆説的だが真髄を突く回答に、会場から大きな拍手が起こった。その記録は今でも司法制度改革審議会のホームページに載っている。

公聴会での熱気が導火線となった裁判員制度。スタートまで半年を切った。

（二〇〇八年十二月五日）

韓国の国民参与裁判

裁判員裁判開始まで二ヵ月半。いよいよ本番を迎える。韓国では一足先に昨年一月一日から国民参与裁判が始まった。基本は陪審制だが、陪審員の評決に拘束力がなく、量刑討議にも参加する。そこで韓国の刑事手続きはどうなっているのか、国民の司法参加はどう評価されているのか、国立警察大学校李東憙教授から実情を伺った。

国民参与裁判は、その採用を被告人が選択できる仕組みなので、スタートしてから一年間の対象事件は約四千五百件あるものの、実施は六十件にとどまった。その六十件は殺人・強盗など重大事件が多いが、比較的に陪審無罪が多い。全部無罪または一部無罪が約三割だ。裁判官は有罪、陪審は無罪、と結論が分かれた事件も多いという。国民参与の裁判の背景には、日本より徹底した刑事手続きの改革がある。

また、陪審員経験者のアンケートでは満足度が極めて高かった。なぜか。李教授は、韓国では先に民主化を経験しており、国政の主権者として、国民の司法参加を肯定的に考える傾向が強いからだろうと締めくくられた。裁判員裁判も同じような観点で育てていく必要があると思った。

（二〇〇九年三月三日）

陪審制と憲法のかかわり

「もしかしたら重大事件の担当になるかも……」と思って四月末の当番弁護士を務めたが、重大事件は担当しなかった。五月二十一日以降に起訴される重大事件は裁判員裁判の対象となる。第一号事件の関係者は初めての経験で苦労が多かろう。弁護士も例外ではない。

かつて陪審法が恣意《しい》的に運用されたことがある。戦前の陪審法では昭和三年十月一日から陪審が始まったが、同年三月十五日の治安維持法一斉検挙事件では、起訴を早めて陪審裁判を避けようとした。布施辰治弁護士らは事件を陪審裁判で裁くよう主張したが、受け入れられなかった。やがて政府は治安維持法事件そのものを陪審法の対象から外し、起訴の時期にかかわらず、事件を陪審員の眼からそらした。

昭和二十年十二月、布施弁護士は「憲法改正私案」を公表し、新憲法に陪審制を明記するよう提案した。官僚裁判制を撤廃して、民意を反映する陪審制の確立を求めた。同じような提案は高野岩三郎、憲法研究会、日本共産党などの案にもあった。

三日は憲法記念日。憲法と陪審制のかかわりにもいろいろな歴史があることを思い起こす。

（二〇〇九年五月一日）

当番弁護士が変えた

裁判員裁判ほど注目されないが、もう一つ大事な制度が一緒にスタートする。それは被疑者国選弁護という制度だ。検挙された被疑者（容疑者）にお金がないときには、国費で弁護人を付けるという制度である。

鹿児島・志布志事件や、先ごろ最高裁で無罪判決があった電車内の痴漢冤罪《えんざい》事件を思い起こしてみると、事件の火の粉は、いつ、何時、降りかかってくるかもしれない。そんなとき、弁護人の援助が必要だ。憲法は、刑事被告人が自ら弁護人を依頼できない場合は国が付けると規定するが、最も大事な被疑者の段階で国選弁護を付ける制度は、戦後長らく存在しなかった。

その歴史を当番弁護士が変えた。弁護士会は、冤罪防止などのため、「被疑者にも国選弁護を！」と主張し、一九九〇年、当番弁護士制度を始めた。全国の弁護士から毎月特別会費を徴収し、当番弁護士の財政を支えた。

その実践が実って、一部重大事件については先行的に被疑者国選弁護制度が実施されていたが、五月から、いよいよ、一般的な事件でも被疑者国選弁護が実施されることになった。

気持ちが引き締まる。

（二〇〇九年五月十六日）

形に表す

市民が裁判に参加する裁判員裁判では、これまでと違った形が必要になってくる。被告人が座る席も変わることになる。

これまで、刑事裁判の法廷では、被告人は証言台の後ろの長いすに座り、両脇を拘置所の刑務官に挟まれていた。裁判長が高い位置から観察するには好都合だが、いかにも裁かれているという印象が強いことは否めない。また弁護人席と離れているので、開廷中に打ち合わせをすることが難しい。

最近は、弁護人と打ち合わせをするのに必要という理由で、弁護人席の前に座らせることが多くなった。こうすると裁判長の真正面の席ではなくなるが、検察官と被告人・弁護人が相対して座ることになり、検察官が訴追側、被告人・弁護人が防御側、という刑事訴訟の仕組みが形としても分かりやすくなった。

それでも、後ろを振り向かなければ弁護人との打ち合わせは難しい。そこで証人尋問が中心になる裁判員裁判では、打ち合わせのため、弁護人席の横に座らせるべきだという意見が強くなっている。それは、訴訟の当事者という被告人の立場を分かりやすく形に表すことでもある。

（二〇〇九年七月二十四日）

手錠と腰縄

被告人は両手に手錠、腰縄姿で、刑務官に縄を引かれて法廷に入ってくる。裁判長が着席して裁判が始まると解放されるが、裁判が終わるとまた手錠と腰縄姿で退場する。被告人の逃亡防止のための措置だが、初めて傍聴をした人は日常と違う光景に強い印象を受ける。被告人の家族が傍聴に来た場合は、被告人の姿にショックを受けて、それだけで涙ぐむ人がいる。そこで、京都の市民団体が、改善を裁判所に要望したことがあるが、今日まで運用は変わらなかった。

しかし、裁判員裁判になると、いっそう慎重な配慮が必要になってくる。裁判員が手錠、腰縄姿に強い印象を受け、その姿・形から有罪の予断を抱くことがあってはならないからだ。そこで今回、関係当局の協議で、裁判員裁判に限って、裁判官と裁判員の入廷直前に被告人の手錠と腰縄を外すことが可能になった。

裁判員は証拠を判断し、有罪か無罪か、量刑はどうかなどの判断をしなければならない。裁判に専念してもらうためには、さまざまな配慮も必要だ。今回の制度改革もその一つ。小さなようで大きな意義がある。

（二〇〇九年八月四日）

戦車と竹やり

先日、東京地裁で初めて開かれた裁判員裁判は新鮮な感動を覚えたが、課題も見えてきた。一つは、検察側に比べて弁護側の対応が遅れていることだ。被告人の国選弁護人は、第二東京弁護士会（東京）にある刑事弁護委員会の現職と元職の委員長が務めたが、検察側に対し「戦車に竹やりで挑むような感覚だった」と述べ、悔しさをにじませたという。

全力で取り組んでも、マンパワーと組織力で勝る検察側の優位性を越えられない難しさを表している。「準備不足」「主張を絞って勝負するべきだった」と語った弁護人の言葉は重い。弁護活動の発想の転換と、弁護人を支援する弁護士会の一層の取り組みが求められている。

「短期集中型」の裁判員裁判では、弁護人の数が少ないのは大きなハンディとなる。複数を原則とし、さらに数を増やすことも検討するべきだ。また、検察側が公判に出す予定のない証拠でも、弁護側が開示を求められるようになったが、事件に関する情報量は、「独占」と呼べるほど、なお警察・検察側に有利だ。弁護側が対等な立場に立つためには、せめて「全面的な証拠開示」が欠かせない。

（二〇〇九年八月十四日）

始まった裁判員裁判

ずっと前から行われていたかのように裁判員裁判は円滑に始まった。法廷取材や記者会見などから、裁判員が真剣に裁判に向き合っている様子が伝わってきた。九州で第一号となった福岡地裁の覚せい剤密輸事件を傍聴した。男性二人と女性四人の裁判員が熱心に耳を傾けていた。検察官が被告人の調書を朗読。これまでは「要旨の告知」といって、調書の粗筋を早口で読むことが多かった。裁判員裁判では、調書の全文を大きな声で読むようになり、傍聴人にも事件の内容がよく分かる。時折、検察官は裁判員の方を向いて「お分かりですか」と言いながら進めていた。

弁護側が意見を述べる弁論は傍聴できなかったが、弁護人は手に何も持たず平易な言葉で裁判員に語りかけたという。弁護人もよく実力を発揮し、初めての裁判を意義深いものにした。関係者全員が分かりやすい裁判を心がければ法廷は生き生きと脈を打つ。

それでもまだ、裁判員の守秘義務や、被疑者を取り調べる全課程での録画など課題は多い。死刑制度をどうするかという重要な問題もある。生まれたばかりの制度だからこそ、検証しながら育てる必要がある。

（二〇〇九年九月十五日）

台湾の司法事情

九州・沖縄の弁護士会は、東アジアの韓国・台湾・中国の弁護士会との交流提携を活発に行っている。福岡の弁護士会は、韓国・釜山の弁護士会と二十年にわたって交流しているほか、先ごろ中国・大連の弁護士会と交流提携関係を結んだ。

沖縄の弁護士会は台湾・台北の弁護士会と十六年間交流を行っている。その沖縄の弁護士会と台北の弁護士会が、日本の裁判員裁判をテーマに、那覇市で交流会を開いた。日本では裁判員裁判が始まり、既に沖縄でも三件の裁判が行われた。これに対し、台湾ではまだ裁判に「国民」が参加する制度がない。台北の尤伯祥弁護士は、台湾の司法事情を変革すべきだと切々と訴えた。

曰《いわ》く「台湾が常に参考とする対象の日本が裁判員制度を実施したときに、初めて台湾は衝撃を受けた」「裁判への国民参加は、実は既に世界の法治先進国の潮流だったのだと！　日本、韓国のみならず中国までもが国民による司法参加の道を設けている」。台湾にとって目の前の問題は、これからも世界的潮流の外にいるのか、日本を見習って世界的潮流に加わるのかということだと締めくくった。台湾の司法事情が見えてきた。

（二〇一〇年三月十二日）

V　改憲論議と市民社会

日本国憲法の誕生

総選挙で与党が大勝し、自民党は新憲法草案を発表した。憲法は国の基本法。私たちは憲法問題を他人まかせにせず、しっかり判断することが必要だし、そのために正確な情報が欠かせない。

そこで提案。インターネットを使って国立国会図書館の「日本国憲法の誕生」という電子展示室のサイトに行ってみよう (http://www.ndl.go.jp/constitution/)。単に「日本国憲法の誕生」と入力して検索するだけでいい。これが結構面白く役に立つ。

連合国軍総司令部（ＧＨＱ）案を受けた一九四六年三月五日政府案、それを修正した議会提出案、議会で修正された憲法を比較して見ることができる。手書きで修正された資料の写真が掲載され、歴史の重みを感じさせる。

思わぬ発見もある。三月五日政府案はカタカナ文語調だったが、作家の山本有三に依頼してひらがな口語調にしたそうだ。なるほどそれで憲法前文に「ゐる」とか「従ふ」とかの旧仮名遣いが使われているのか。また、前文の「平和的協力」を「協和」に、「自由の福祉」を「自由のもたらす恵沢」に、修正したのは議会だった。憲法がＧＨＱから押しつけられたかどうか。また違った見方ができると思う。

（二〇〇五年十一月九日）

前項の目的

二〇〇五年、さまざまな動きがあった憲法について触れてみたい。九条の話である。

九条の文言は、草案から制定までにかなり修正されている。有名なのは当時、衆院憲法改正特別委員長の芦田均が、二項の冒頭に「前項の目的を達するため」を加えたことである。九条は一項で「侵略戦争の放棄」、二項で「戦力不保持」をうたっているが、その間に「前項……」を挿入することでどうなるか。

芦田は一九五六年の新聞で次のような趣旨を述べている。前項（侵略戦争）以外の戦争（自衛戦争）は放棄していないという解釈ができるようになった、というのである。大学でそう教わり、芦田は自衛のための戦力を保持するため智力を絞ったと信じてきた。

しかし、その理解は違っていたことを戦後半世紀たって公開された秘密会の議事録で知った。芦田は実は、一、二項とも、国際平和を念願していると書きたいが、重複するきらいがあるから、「前項……」を挿入したというのである。「双方とも日本国民の平和的希求の念から出ているのだ」。議事録で芦田はそう述べている。

（二〇〇五年十二月十五日）

たがを外す

彼は早稲田大で講演したとき、こう言った。「憲法上は大陸間弾道弾は問題ではない。原子爆弾だって問題ではない、小型であれば。戦術核を使うことは違憲ではないが、日本には非核三原則があるからやらない」。観念的な議論だと思っていたら、あれよあれよというまに、この国の首相になった。安倍首相のことである。

所信表明演説。「美しい国、日本」と言いながら「いかなる場合が集団的自衛権の行使に該当するのか、個別具体的な例に即し、よく研究してまいります」と宣言した。集団的自衛権とは、自国が直接攻撃されていないにもかかわらず、自国と密接な関係にある外国に対する武力攻撃を実力で阻止する権利。その行使は憲法九条で禁じられているというのが政府解釈だったはずだ。さては、憲法の抜け道を探し、集団的自衛権に当たらない行為を増やそうとでもいうのか。何のために？　それは「日米同盟がより効果的に機能するように」と言う。

憲法の骨抜きと同時に、政府解釈の中心であった内閣法制局の骨抜きも意図しているのかと疑う。その長官も交代したばかり。シレッと、たがを外す危うさを感じる。

（二〇〇六年十月四日）

憲法九九条

「天皇又は摂政及び国務大臣、国会議員、裁判官その他の公務員は、この憲法を尊重し擁護する義務を負う」。こう定めている憲法九九条をないがしろにしていないか。

安倍首相の言動である。年頭所感では憲法改正に前向きの姿勢を鮮明にした。「憲法は国の理想、かたちを物語るものです。新しい時代にふさわしい憲法を今こそ私たちの手で書き上げていくべきものです。憲法改正について国民的な議論が高まることを期待しております」

北大西洋条約機構（ＮＡＴＯ）理事会では、日本の首相として初めてスピーチしてこう述べたという。「国際的な平和と安定のためなら自衛隊の海外活動をためらわない」。防衛省発足や自衛隊の海外派遣が本来任務となったのを受けたのだろうが、憲法九条は健在だし、集団的自衛権は認められていない。

「憲法は国の基本法です。私の内閣は憲法の平和、国民主権、人権尊重の理想を実現するために全力を尽くします」。九九条の理念からすると、これぐらいの年頭所感を出してもらいたい。首相たる者は、憲法の重みを受け止め、これを愛する心がほしい。

（二〇〇七年一月十七日）

素人にあらず

安倍首相は、自民党の「新憲法制定推進の集い」で、「現行憲法は占領下でGHQ（連合国軍総司令部）の素人により起草された」と述べて、改憲の必要性を強調した。本当に素人がつくったのか？　疑問に思って昭和三十六年の憲法調査会報告書をひもといてみた。

起草の中心となったのは、GHQの民生局長ホイットニー准将、ケーディス大佐、ラウエル中佐、ハッシー中佐。四人とも軍人だが、著名な弁護士でもあった。その下で十八人の局員が八つの委員会に配属されて起草を担当した。弁護士であったヘェーズ中佐は国会を担当、政治学者で元連邦下院議員のスウォーブ中佐は内閣を受け持った。憲法の専門家はいなかったが、法律の専門家が中心となったといえる。ベアテ・シロタ・ゴードンさんは法律の素人だったが、各国の憲法を収集し、燃える思いで個人の尊厳と両性の平等（二四条）、法の下の平等（一四条）を紡ぎ出したのである。

憲法の原案起草の中心を担ったのは決して素人ではない。しかし、「素人」は貴重な理念を憲法に与えたのである。憲法制定をめぐる認識、素人に対するとらえ方とも納得いかない。

（二〇〇七年五月九日）

私の青空

憲法改正の手続きを定める法律が成立した。多くの問題点が解決されずに検討課題とされた。安倍首相の私的諮問機関「安全保障の法的基盤の再構築に関する懇談会」が開かれた。首相は集団的自衛権行使の禁止など政府の憲法九条の解釈を含めた見直しを諮問したが、メンバーの顔触れから、秋にも首相の意向に沿う結論が出されるのではないかと危惧《きぐ》されている。きな臭い動きであることは間違いない。

「日本の青空」という映画を見た。一般公開でなく自主上映の映画だが、日本国憲法誕生の真相を、資料と史実に基づいて劇映画化したもので、優れた作品だと思った。戦後すぐ、鈴木安蔵らは憲法研究会を結成、民衆版の「憲法草案要綱」を起草し、政府や連合国軍総司令部（ＧＨＱ）に届けた。それがＧＨＱで高く評価され、憲法原案に影響を与えた。いわば今日の憲法の大本となった。「憲法はＧＨＱの押しつけ」と言われるが、そうでないことがよく分かる。

「青空」は平和の象徴であり、あの時代の人々の心象風景だった。記憶が薄れかけた今、もう一度、「私の青空」を心に思い描きたい。

（二〇〇七年五月十九日）

防衛相の認識

一九九六年、オランダ・ハーグの国際司法裁判所は、国連総会の決議を受けて核兵器使用の違法性について審議し、「核兵器の使用・威嚇は一般的に武力紛争に適用される国際法、とりわけ人道法の原則に反する。ただし、国家の存亡が危険にさらされた極端な状況において、合法か違法か確定的に結論を下すことはできない」と勧告的意見を出した。核保有国などの反対の中、権威ある国際法廷が「核兵器は一般的に国際法に違反する」と述べたことは重要である。

一九四五年の米国の原爆使用は合法であったか違法であったか。前防衛相は講演で「あえて原爆を落とし、終戦になった。そうすればソ連の参戦を止めることができる。長崎は悲惨な目に遭ったが、あれで戦争が終わったという頭の整理でしょうがないなと思っている」との認識を示した。

発言は、国際法廷の意見に照らしても、原爆を投下した米国に対して寛容に過ぎる。被爆者の苦しみと核廃絶への努力を愚弄《ぐろう》するものというべきだろう。また、米がヤルタ協定でソ連の対日参戦を要請した事実も無視している。これでは、防衛相辞任もむべなるかな、というほかない。

（二〇〇七年七月四日）

永田町にずれ

参院選の結果は、大方の予想通りというべきか、それとも予想以上に国民が大きな変化を求めたというべきか。首相の続投宣言、農相の更迭と、まだまだ余震が続く。国民は、構造改革にともなう格差問題、年金問題、税負担、大臣の相次ぐ失言や政治資金問題などに対し、将来が不安だし、怒っているぞという思いを一票に託したはずだ。

三年前、一年間の霞が関生活を送ってちょっぴり永田町をかいま見た。そのとき、国民と国会議員、地方と永田町との感覚のずれに戸惑った。例えば、憲法改正問題。国民の間ではほとんどといってよいほど議論されていないのに、自民党本部に新憲法制定推進本部の看板がかけられ、野党の議員の中にもお付き合いをしそうな議員がいることに、ギャップと違和感を覚えた。

参院選では、憲法改正は大きな争点にはならなかった。だが、国民はそのことも念頭において投票したというべきであろう。その結果かどうか、当選者のアンケートで、九条改正反対の議員が当選者の五十五パーセントと報道された。

国民と地方の感覚が、きちんと国会に反映されることはとても大事なことだと思う。

（二〇〇七年八月四日）

法の支配

第一次安倍内閣（改造）に与謝野馨氏と舛添要一氏が入閣すると知って、一瞬、これは二〇〇五年十一月の自民党新憲法草案のときの起草トリオだと思った。安倍首相が先の参院選の争点にすると言った憲法改正だが、自民党の起草委員会で事務総長を務めたのが与謝野氏、事務局次長が舛添氏、そして安倍氏は前文小委員会委員長代理だったからだ。草案ができるまでには紆余曲折《うよきょくせつ》があったが、与謝野、舛添両氏の働きは大きかったと伝えられる。それだけに、首相が両氏を起用したのは憲法改正路線を固める布石なのだと思った。

ところが、遠藤武彦農相や坂本由紀子外務政務官の辞任など、内閣や要人の「政治とカネ」の闇は広がるばかり。大体、一枚の領収書を二重、三重に使い回したり、加入者数を水増しして架空請求をするなどもってのほかだ。単なる「政治とカネ」の領域を超えて、文書偽造など違法行為ではないの？　と疑問符が付く。これで終わりという保証もなく、もう一人出たら安倍内閣はもたないという声さえある。「美しい国」や改憲をいうなら、まず、基本的な法の支配を確立させるべきだと思うのだが。

（二〇〇七年九月五日）

尊重擁護の義務

強引な姿勢はやはりあらたまっていないようである。安倍首相が熱心な国民投票法案のことである。五月三日の憲法記念日までの成立は「そんなにこだわっていない」が、今国会中の成立が「望ましい」という。

何をそう急ぐのか。与党と民主党のそれぞれの修正案が出たから？　両修正案は似通っているが、私は問題が多いと思っている。特に民主党の修正案は与党案にひきずられて問題点が増した。例えば、公務員や教育者の地位利用による国民投票運動を禁止する方向に修正した。だが、憲法九九条に公務員は「この憲法を尊重し擁護する義務を負う」と定めているではないか。憲法を守ろうと反対するのはおかしくない。選挙運動とは違うのだ。

また両党の修正案には最低投票率の定めがない。憲法改正という重要な問題は、最低投票率をクリアしなければ認められないと規定して当然だろう。

九条をはじめ、憲法改正は国論を二分するテーマをはらんでいる。意見が対立するからこそ、その手続きを定める国民投票法案の審議は慎重な上にも慎重に進めるべきである。

（二〇〇七年三月十四日）

安倍首相の錯覚

裁判では、主尋問だけで反対尋問が行われない証人の証拠価値は薄い。まして、自分で訴えておいて反対尋問の前に姿をくらますようでは敗訴は確実だ。安倍首相も、所信表明演説後、反対尋問に相当する代表質問を受けないまま政権を放り出したのだから、その責任は重い。

「諸君」十月号で中西輝政氏が言うところによると、日本の保守は圧倒的なリベラルを相手に塹壕《ざんごう》戦を生き抜いてきたが、着実に力を増し、日本列島に「保守の勢力が満ちてきた」ように思えた。その潮の頂点に立ったのが安倍晋三という政治家だった。安倍政権が誕生したことによって、日本の保守は時期尚早にも「勝った」と思った、とのことである。

この見方が正しいかどうかは別として、安倍首相は潮に乗って内閣をつくり、小泉改革路線を引き継ぎ、数を力に国会で強行採決を繰り返した。教育基本法を改正し、国民投票法を成立させたが、残念ながら潮は国民全体のものではなかった。挙げ句に参院選で惨敗し、国家運営の重圧に押しつぶされたように見える。安倍首相は、時代の潮流は我にありと錯覚していたのではなかろうか。病床で今、何を思う。

（二〇〇七年九月十五日）

憲法危機二〇〇七

二〇〇七年を振り返る。憲法改正をめぐって目まぐるしい一年だった。五月、憲法改正手続法が成立し、七月の参院選で、年金改革と憲法改正を掲げた与党が大敗。九月、安倍晋三前首相は途中で職を投げ出し、改憲路線は行き場を失った。

福田康夫内閣となり、十一月、驚きの自民、民主両党の大連立構想が浮上した。構想は、衆院はもちろん、参院でも巨大与党をつくるもくろみと思われた。しかも、構想の推進役は憲法改正や消費税の税率アップを進める立場の人と見受けた。憲法改正にはまず、議員の三分の二以上の賛成で国会の発議が必要となるが、この要件を満たすことができる。さては憲法改正をにらんだ動きかと疑ったが、当たらずとも遠からずだろう。

福岡では、弁護士会が市民を対象に「楽しく学ぶ憲法講座」を開いた。テーマは「女性と憲法」「平和と憲法」「格差社会と憲法」。第九条の問題だけでなく、今日的な社会問題と憲法をディベート形式でわかりやすく検討した。アンケートの結果、今、憲法を改正することに反対の回答が大半を占めた。そこにさまざまな思いがある。

（二〇〇七年十二月十五日）

司法の青空

自衛隊のイラク派遣を憲法九条違反とした名古屋高裁の判決を読んだ。気負いなく諄々《じゅんじゅん》と説く判決は明快で新鮮である。

イラクのバグダッドは「戦闘地域」に当たる。多国籍軍の武装兵員をバグダッドに空輸することは自衛隊が他国の武力行使と一体化した行動を取ることになる。そこで空輸活動はイラク特措法に違反し憲法九条一項に違反する……。言われてみればその通りであり、判決には説得力がある。一般に裁判では政治問題の判断を避ける消極的な傾向があるが、判決は真正面から受け止めて憲法判断を下している。

続けて判決は「平和のうちに生きる権利（平和的生存権）」は憲法上の法的な権利であり、侵害されたときは裁判所に違憲行為の差し止めや損害賠償を請求することができるとする。基本的人権は平和の基盤なしには存立し得ないから、「平和的生存権」はすべての基本的人権の基礎にあり基底的な権利であるという。「平和的生存権」を認めたのは一九七三年の札幌地裁長沼ナイキ基地訴訟判決以来のことだ。その点でも名古屋高裁判決は意義がある。

担当した裁判官の心情を思いやり、司法に青空を見る思いがした。

（二〇〇八年五月七日）

「やっぱり」

六月二十八日付の西日本新聞朝刊 一面トップ記事は、一九八七年七月から約二年間、外務事務次官を務めた村田良平氏が、日米間における核持ち込みの密約の存在を実名で証言した、という内容だった。その記事を読んで「ほう」と驚いたが、すぐに「やっぱり」と思った。

村田氏は、六十年の安保条約改定の際に、核兵器を搭載した米国艦船や米軍機の日本への立ち寄りと領海通過を日本政府が黙認するという密約を、歴代の外務次官らが引き継いで管理していたことを認めた。

核兵器を積んだ米軍の艦船や航空機が、日本に立ち寄る際にわざわざ、核兵器をどこかに置いてくるはずがない、と考えるのが常識的だ。二〇〇〇年、米国立公文書館で密約文書が発見されたが、日本政府は、非核三原則を国是としている手前、否定を続けている。今回の元外務次官の実名証言は、これまで抱いていた素朴な疑問を「やっぱり」という確信に変えた。

政府はうそをつき続けるのをやめて、国民に情報を公開すべきだ。そして、「核兵器のない世界」を唱えるオバマ米大統領に率先して核廃絶に尽力してもらいたい。

（二〇〇九年七月十四日）

もう一つの投票

総選挙の投票日は三十日。この日はもう一つの投票が行われ、投票所で、最高裁裁判官の国民投票の用紙が渡される。辞めさせたい裁判官がいる時はその人の欄に「×」を付け、そうでない場合は何も書かない。「×」が有効投票数の過半数になった裁判官は罷免される。ただし「分からない」と思って白紙で投票すると「信任する」と見なされ、「辞めさせなくていい」と判断して「〇」を付けると無効とされる。もし、分からなくて棄権したいときは「棄権します」といって投票用紙を返すこともできる。

内閣が任命した裁判官を国民が罷免できる重要な制度だが、裁判官を辞めさせるべきかどうかの判断材料に乏しいことも事実。国民審査広報には対象裁判官の情報が載るが、それで罷免かどうか判断をするのはとても難しい。

インターネットを使える人は、例えば「最高裁裁判官国民審査」などと入力して検索すると、裁判官がかかわった判決などを整理したホームページにも出くわす。それを見て、判断の参考にするのも一つの方法だろう。確かに、誰とは言わないが、内閣がこの時期にこのような人を任命するのはどうかなと思わせる例もある。

（二〇〇九年八月二十五日）

改憲地図の様変わり

国民投票法の施行は来年。総選挙の結果次第では、国会が改憲の発議をすることもあり得る。そこに大きな関心があった。

共同通信社が憲法改正についてアンケートしたところ、当選議員の六四・一パーセントが賛成派だった。しかし、改正すべき点では意見が分かれ、九条改正では、反対または消極的な意見がやや多かった。特に民主党では、九条改正に反対または消極的な人（四四・三％）が、積極的な人（二一・一％）を上回った。

落選候補に重要人物が多かったことも注目された。例えば、自民党で改憲をリードしてきた中山太郎、船田元、保岡興治の各氏がそろって落選。また超党派で改憲を進める議員の集まり「新憲法制定議員同盟」の有力者たちも軒並み議席を失った。一説には、この議員同盟の衆院議員数は一三九から五三に減少したという。一方で、四年前の総選挙で落選した民主党の護憲派と思われる候補が結構多く当選した。

改憲派の減少と護憲派の増加。憲法改正は今回の選挙の争点にはならなかったが、民意は改憲とは別のところにあることを示すものだろう。その結果が議員構成の変化になっている。

（二〇〇九年九月四日）

Ⅵ　世の動きに思う

首かけイチョウ

東京の日比谷公園に、「首かけイチョウ」という大木がある。

このイチョウは推定樹齢四百年で、幹回りは六・五メートル。日比谷松本楼のテラスの前にあり、ゆったりと羽を広げたように葉を茂らせている。根は、梢《こずえ》の下の広さを十分確保していて、しっかりと大地をつかんでいる。

その圧倒的な豊かさを前に、最近の私は、東京も捨てたもんじゃないと思うようになった。

「首かけイチョウ」の名は、明治三十四年、道路拡張にかかって切り倒される寸前、日比谷公園の設計者本多静六博士が「私の首をかけても移植させてみせる」と言って、五百メートルを動かし現地に移した故事にちなんでいる。

日比谷公園には、「首かけイチョウ」のほかに、たくさんの大木がのびのびと枝を広げている。ケヤキ、カイヅカイブキ、スズカケノキ、カヤ、その他いっぱいだ。よく手入れされた結果、大きな幹に、品よく枝を広げ、その枝にたっぷりの葉をつけている。

ここには、福岡であったようなケヤキを転がして利益を得るようなみみっちい発想は全くない。樹木が樹木として生かされている。

（二〇〇五年二月五日）

歩行者用信号

青信号で横断中の目の前を、向こうから来た四輪駆動車が速いスピードのまま左折し、一旦《いったん》停止もせずに走り抜けた。

「危ないじゃないか！」。運転席を見ると、運転手は若者で、そ知らぬふりで通り過ぎた。横断歩道の歩行者用信号機が青だということなど、思ってもいないふうだった。

心の中で「僕は青信号で渡っているのだぞ」と抗議した。

今年の連休、台湾の台北に行った。

その街では、歩行者用信号機の青（緑）も赤も、明るい発光ダイオードで表示されていた。視認性良好。青信号はアニメ調で、発光ダイオードの点滅で人が歩く姿を動画で表していた。しかも青信号の残りが少なくなると、アニメの人物は次第に速足になり、最後は駆け足になった。さらにそのアニメの上部では、残り秒数を数字でカウントダウンしていた。面白く、わかりやすく、人目をひく信号機だった。

日本の歩行者用信号機は、歩行者だけでなく、運転者にとっても見えやすくする工夫があってもいいと思った。

（二〇〇五年五月十四日）

いいものがなくなるようで

テレビが壊れたので、電器店に立ち寄った。液晶、プラズマ、リアプロといった大画面テレビが主流。しかし、ン十万円と高い。店員によると、地上デジタル放送が福岡でも来年四月から始まるが、すべて切り替わるのは六年後という。大画面だと普通の番組では粒子の粗さも目立つらしい。それなら、まだアナログで良かろうと、29型の従来型アナログテレビを買った。

ところがどうも気になることがある。ケーブルテレビでBSハイビジョンを見ていると、横長の画面が目につく。ワイドテレビで見ればぴったり収まるのだろうが、従来型テレビでは画面の上下が空くか、上下が伸びた妙な画面になる。確かにハイビジョンはきれいだし、映画やスポーツ番組は迫力がある。でも画面のサイズの点では、従来型のサイズ(四対三)の方が情報量が豊富で安定感がある。横長の画面(十六対九)はスケール感を与えるが、横に広いだけ注意力を多く要求する。画面への集中力、画面から受ける豊穣《ほうじょう》感は従来型のサイズが勝る。

いろんな可能性を秘めた地上デジタル放送。その波は止められないのだろうが、反面で「いいもの」が消えていくようで釈然としない。

(二〇〇五年十一月十九日)

アナログとデジタル

東京・銀座で写真展を見た。フランスのベルサイユ宮殿を撮影した写真家の展示会である。この写真家は、タヒチやモルディブなどの楽園を新鮮な色彩感覚と独特の造形感覚で見せる写真家として有名である。

何げなく入って驚いた。ベルサイユ宮殿の金色に輝く内装や調度品を色鮮やかに描き出していた。聞けば、観客が直接触れないよう設けられた柵は、画像処理で消したという。感心しながら進むと、一転してモノクロ写真。木村伊兵衛が愛用したカメラ、ライカM３を手に入れたのでパリに飛んで街角を撮影したという。その一枚に「僕の一番好きなラルティーグ風に撮りました」と説明が付いていた。ラルティーグは、二十世紀初頭の人々を生き生きと撮影したアマチュア写真家である。華麗な楽園の作者がこんな素敵《すてき》なモノクロ写真を撮影するなんて、いい。

コニカミノルタホールディングスがカメラ事業から撤退する。学生時代、ミノルタの新品のカメラが買えず中古を買った思い出がある。旧コニカは国産初のカラーフィルム「さくら天然色フィルム」を世に出した。コニカ二〇〇は柔らかな味をだすフィルムだった。撤退は惜しい。デジタルもいいけどアナログも頑張れ。

（二〇〇六年一月二十五日）

交通マナー

ワールドカップのおかげで、ドイツの街並みがテレビによく登場する。もう十五年前になるが、ドイツを訪ねたときの体験がよみがえった。フランクフルトの街中を散策した。ガソリンスタンドで雑誌が売られ、無修正写真の「プレイボーイ」が子どもの手が届かない高い場所に並べられていた。いかにも教育に厳しいドイツらしかった。

もうひとつ印象的な出来事があった。信号機のない横断歩道を渡ろうとしたとき、横から乗用車が走ってきたので、そのまま通り過ぎるだろうと歩道で待っていると、車は静かに止まった。ドライバーの若い男性は当たり前のように私が横断歩道を渡りきるまでじっと待っている。これがルールを大切にする国のマナーなのか。とてもすがすがしい気持ちになった。

熊本で研修中の中国人女性からもらった手紙にも日本での同じような体験が書いてあった。信号機のない辻《つじ》で、両方の車がさっと止まって道を譲ってくれた。信じられない気持ちでお辞儀をしながら通った、と。彼女に感心された交通マナーは健在だろうか。都心の交通渋滞とドライバーの険しい顔を眺めながらそう思った。

（二〇〇六年七月一日）

小さなメッセージ

目覚ましい発展を遂げる中国。アジアの大国を訪れ、経済成長の一方で、環境問題をうかがわせる場面も目にした。

まず北京の車の多さに驚いた。片側四車線の道路も車でいっぱい。朝夕の渋滞は激しい。改革開放前、中国の年間生産台数は十数万台だったが、今では数百万台に上るという。三〇〇〇cc級のエンジンを積んだ車も走っている。成都では軽自動車が走っていたが、北京ではあまり見ない。排ガス問題がきっと深刻になるだろうと思った。

ホテルでは珍しいものを見かけた。「シーツの洗濯は水とエネルギーを消費します。もしあなたが毎日シーツを洗わなくてもいいと思われたら、朝、この紙を枕元に置いてください」。こう書かれた紙がベッドの脇に置かれていた。北京だけでなく成都のホテルにもあったから、結構当たり前なのかもしれない。

聞くところによると、北京では水道を地下水から取っているため、水不足や地盤沈下が懸念されているという。福岡大渇水の大変な体験を思い出した。洗いたてのシーツはもちろん心地よいが、環境問題は大切。私はその紙をベッドに置いた。

（二〇〇六年八月十二日）

八月十四日のキス

一九四五年八月十四日（日本時間十五日）、対日戦の勝利に沸くニューヨーク・タイムズスクエアで一人の水兵が看護師を抱きしめて熱いキスを交わす写真がある。ライフ誌のカメラマン、エイゼンシュテットが撮影したもので、「勝者のキス」とも呼ばれている。その夜、タイムズスクエアを埋めつくした二百万人の群衆の写真と並び、戦争が終わった喜びを全身であらわした写真として有名である。

ところが、今年七月、テレビ報道で水兵の身元が判明したと伝えられた。しかも、水兵は依頼されてキスしたうえ、撮影日は八月十四日ではなく、五月の対独戦勝利のときだというのだ。一瞬、やらせの写真かと鼻白んだ。

八月五日、今度は、水兵がマクドゥフィー氏と特定されたと報道された。撮影日は八月十四日というのである。

どちらが本当か。調べてみると、過去には二十数人が名乗り出て、今回を含めて写真の水兵に四人の名前があがり、看護師も二人の名前があがっている。撮影日も五月、八月の両説がある。

タイムズスクエアでは、八月十四日にキスをしあうイベントがあるという。なんだか複雑な気持ちだ。

（二〇〇七年八月十五日）

広辞苑の改訂に寄せて

広辞苑が改訂されるという。高校一年の正月、お年玉をためて広辞苑を買った。私にとっては憧《あこが》れの本であり、その時は文学部に進んで古語や方言を取り入れ広辞苑を超える辞書を作りたいと思っていた。高校二年の時、進学希望が法学部に変わった。

最近は情報が多様化し、言葉の意味を知るのにもインターネットを利用することが多くなった。グーグルの検索機能を活用すると、瞬時に情報が手に入れられる。けれど、言葉に関する確かな情報、権威のある情報といえば、まだまだ各種辞典は欠かせない。

ときとして言葉の厳密な意味を必要とすることがある。例えば、「解任」という言葉に、否定的な意味、すなわち悪いことをして罷免されるという意味があるかどうかを知りたくなった。残念ながら大方の国語辞典ではそのニュアンスを的確に得られず、広辞苑もその例に漏れなかった。ただ一つ、角川類語新辞典でその回答が得られたのだった。

広辞苑の改訂では、看護師、認知症、統合失調症なども収録される。従来使っていた言葉と違う言葉になっているから必要なことだろう。同時に、言葉の正確なニュアンスをわかりやすく伝える工夫もお願いしたい。

（二〇〇七年十一月二十一日）

横綱が帰ってきた

大相撲九州場所十二日目を見た。知り合いから土俵下の溜席《たまりせき》のチケットをもらい観戦した。別名、砂かぶり。土俵の砂が飛んでくるほどの近さで取り組みを見ることができるのは溜席の醍醐味《だいごみ》だ。「シュッ」という立ち会いの息づかいや、力強く四股《しこ》を踏む音などが直《じか》に伝わってくる。見ている方もつい、気合いが入るというもの。以前のことだが、横綱曙《あけぼの》が塩をまいた後、右手でまわしを「ボンボン」と叩《たた》く音にはズンと腹にこたえる凄味《すごみ》があった。

今場所は観客も少なく寂しかった。不祥事が重なり、抜きんでて強い者がいない土俵では、力士たちがやたらと引き相撲を取るのが目についた。

横綱朝青龍《あさしょうりゅう》が土俵に戻る。三カ月前モンゴルに行く前の無精髭《ひげ》や仏頂面と違って元気そうで、筋肉も隆々としている。群がる報道陣に、「下がれって言ってるだろ」とすごみをきかせるところなど、ふてぶてしさも相変わらず。あの解離性障害《かいりせいしょうがい》の診断や空白の三ヵ月は何だったのだろう。「あれはふてくされていただけだ」という心理学者の意見を聞いて、家人はつぶやく。「やっぱりあれは仮病だったのね」。さて相撲人気は回復するのだろうか。

（二〇〇七年十二月五日）

都江堰

司馬遼太郎の「街道をゆく」にも紹介されている、中国の古代水利施設「都江《とこう》堰《えん》」は、成都の北西六十キロにあり、世界文化遺産に指定されている。今から二千年以上前の紀元前三世紀、郡の長官李冰《りひょう》が都江堰建設に着手し、子の李二郎が引き継いだ。長江の支流、岷江《みんこう》に金剛堤を築き、山を砕いて人口導水路を造った。導水路は網の目のように分かれて大地を潤し、成都の平野をはぐくみ、四川省は豊かな地「天府の国」と称《たた》えられてきた。一昨年現地を訪れて、古人の知恵に感動した。

十二日、都江堰の近くを震源地とする四川大地震が起きた。都江堰市の学校も倒壊し、多くの生徒が生き埋めになった。写真を見ると、苦痛に顔を歪《ゆが》めて助け出される生徒の下には、別の生徒が血を流して瓦礫《がれき》に埋もれている。生きていてくれと願う。

都江堰の建物も水利施設も被害を受けている。九キロ上流のダムには亀裂が走り、さらに上流には土砂でせき止められた「湖」ができているという。もし湖が決壊しダムに影響が及べば、同市周辺が洪水や土石流の被害を受け大惨事になりかねない。これ以上惨事が広がらないよう、切に祈る。

（二〇〇八年五月二十一日）

対馬の漁火

数年前、しばらく長崎県の対馬で過ごしたことがある。夏の対馬の風物詩は、イカ漁の漁火《いさりび》である。沖合に無数の篝火《かがりび》が線状に連なったように見えて、心が騒ぐ。地球の丸さのせいで漁火も弧を描いている。山から見ると俯瞰《ふかん》的に面状に見え、漆黒の海にきらめく珠玉のような漁火が広がり、その美しさに思わず息をのむ。

六月、イカ釣り船が重油代の負担増を訴え二日間の休漁をした。漁火が消えた。全国いか釣漁業協議会は水産庁に窮状救済の対策を要請した。

世界でも事情は同じだ。フランスやイタリアでは燃料高に苦しむ漁民が港湾封鎖をし、欧州連合（ＥＵ）欧州委員会は、燃料価格高騰の直撃を受けた漁民に国家助成金の増額支払いをするよう加盟国に呼びかけた。トラック労働者が抗議行動を行っている国もある。

イカ釣り船の休漁は、世界的な原油価格の高騰を背景にした静かなるストライキだ。それによってさまざまな業種が同じ問題を抱えていることを明らかにした。原油高、食糧高、物価高が進むと、国民生活と業界、なかでも中小零細企業は苦しくなる一方である。

漁火はその象徴である。美しい対馬の漁火を消してはならぬ。

（二〇〇八年六月二十一日）

伊藤和也さんの死を悼む

アフガニスタンで非政府組織（ＮＧＯ）「ペシャワール会」のスタッフとして活躍していた伊藤和也さんが殺害されたことを心から悼む。伊藤さんを直接知るものではないが、五月に同会現地代表の中村哲医師の話を聞く機会があり、干ばつの大地に水路を開き、荒れ野を緑豊かな農地に変えて、同国の民生安定に貢献していると感じていただけに、事件は痛ましい限りだ。

現在、中央アジアの砂漠化は人類が体験したことのない規模で進行中である。二〇〇〇年、世界保健機関（ＷＨＯ）は同国で千二百万人が被災し、百万人が餓死線上にあると発表した。今年英国のＮＧＯは、同国では干ばつや食料価格の高騰で食糧不足が深刻化し、五百万人が飢餓の危機に直面する可能性があると警告している。

伊藤さんは五年前から同会に参加し、農業担当として、サツマイモ、コメ、飼料作物などの作付け普及に力を注いできた。テロ防止の名目で武力行使をするのとはまったく違う国際貢献の姿である。伊藤さんの死を無駄にしないために、何ができるのか。貴重な国際貢献の灯を消してはならない。

（二〇〇八年九月三日）

そんなの関係ねえ、か？

十一日のこと。出張先の東京で産経新聞を手に取ると、真っ赤な色を使った全段ブチ抜きの全面広告が目についた。表題に「謀略に！　翻弄《ほんろう》された近現代　誇れる国、日本。」とある意見広告は、今話題の田母神《たもがみ》俊雄前航空幕僚長の論文を紹介していた。おかげでその全文を読むことができたが、定説に反する過激な主張のわりに論証は少なく、引用が多く、独自性に乏しかった。

何より、日本の「植民地支配と侵略」を認め、多くの国々に多大な損害と苦痛を与えたとして反省の意を表した「村山談話」に真っ向から挑戦し、政府見解に異を唱えるものである。そういうけどあなた、例えば満州事変は何だったの？　あれは侵略ではなかったの？　と問いたくなった。

真っ赤な色を使った広告は、十一日に国会に参考人招致された田母神氏を援護し、その歴史認識を誇示するものだった。かつて田母神氏は名古屋高裁の航空自衛隊イラク派遣違憲判決に対して「そんなの関係ねえ」と言った。司法にだけでなく、政府に「関係ねえ」、国会にも「関係ねえ」、と言うのだろうか。そういう人を空自のトップに据えた国家組織って一体何だ。

（二〇〇八年十一月十四日）

近くて遠い国

日韓は一衣帯水といわれ、対馬と釜山間はわずか五十キロほど。晴れた日には対馬の北端から釜山の山並みを望むことができる。

江戸時代には朝鮮通信使の一行が日本に来た。鎖国政策といわれるが、オランダ、中国と交易を行うだけでなく、朝鮮とも誼《よしみ》を通わす関係であった。

いまは円高、ウォン安で韓国への旅行者も多い。買い物もいいが、朝鮮通信使をしのぶ旅をするのもいい考えだ。お勧めは釜山博物館。多くの資料やミニチュアの通信使の人形もある。「清道」と書いた旗を先頭に、正使、副使らを駕籠《かご》に乗せてにぎやかに進む一行が生き生きと表現されている。釜山の繁華街、西面《ソミョン》の大通りでは街角に壁面が築かれ「仁祖十四年通信使入江戸城圖《ず》」という行列の絵が描いてあった。ちょんまげ姿の日本人が朝鮮の正使らを駕籠や馬に乗せて江戸城に入る姿が描かれている。

豊臣秀吉の出兵、韓国併合という負の歴史もある。韓国ではそれを壬辰《イムジン》・丁酉《チョンユ》倭《ウェ》乱《ラン》、日帝支配という。事実から眼《め》をそらさず、未来志向の友好関係をつくるべきだ。福岡で日中韓の首脳会議が開かれたことに、明るい展望を感じる。

（二〇〇八年十二月十七日）

新自由主義の崩落

深刻な不況からの脱却が問題である。今回の金融危機で、米国のレーガン政権以来世界に蔓延《まんえん》している新自由主義・市場原理主義の問題が見えてきた。新自由主義は福祉国家論を批判し国家の介入を否定してきたが、カジノ資本主義ともいわれる虚構経済が破綻《はたん》し、再び巨額の財政を投入する「ニューディール政策」が必要となったのは歴史の皮肉である。

日本でも小泉内閣は新自由主義論を進めた。政府の役割を縮小し、規制を緩和し、金融を自由化し、労働法制を緩和して非正規雇用を拡大した。「大企業が国際競争力をつければ輸出が増えて日本経済がよくなり、やがて国民に恩恵が回ってくる」といわれたが、国際競争力がついても輸出が鈍り、同時不況の深い淵《ふち》をのぞき見ている。国民に恩恵は回ってこず、一部では働く人がモノのように軽く扱われている。

そこで新自由主義に代えて人に優しい社会が望まれている。あらためて六十年前、国連総会で採択された世界人権宣言をひもといてみる。同宣言は「すべての人間は生まれながらにして自由であり、かつ、尊厳と権利とについて平等である」という。今、人の尊厳こそ求められるものだ。

（二〇〇九年一月九日）

オバマ大統領の就任演説

風邪だから寝たいのに、ついテレビの生中継を見てしまった。日本時間で二十一日未明の米大統領就任演説。さすがにすばらしいものだった。いかにも弁護士出身らしく平易で論理的、第一級の法廷弁論をほうふつさせる。私もあんな弁論ができたら、とうらやましく思った。

経済、外交など全般の課題が織り込まれたが、私には彼が法律家らしく、「米国独立・建国の理想が、法の支配と人権を確立する憲章に込められている。その理想を受けつぎ未来の世界に伝えよう」というメッセージを発したと思われた。そして、利己主義のために理想を捨ててはならず、この理想で世界を照らそうという決意を述べたと感じた。その決意を、小さな村に生まれ、レストランに入ることさえ差別された父の子として、生身の人間の目線から語ったのではなかったか。家族が仕事を見つけられ人間らしい生活を送り、手ごろなケアを受け、尊厳を持って引退できるような政策をとると述べたことと併せ、身近で格調高い。

オバマ大統領。一つお願いがある。ぜひ広島、長崎に来て、核の被害の実相を見てほしい。そして本当に世界を核廃絶に導いてほしい。

（二〇〇九年一月二十三日）

ブレジンスキー氏の予言

クリントン米国務長官の日本訪問では、長官の目の輝きが印象的で、当意即妙の受け答えが人の心をつかんでいた。対話集会に出た東大生が「オーラがある」と言うのも頷《うなず》ける。オバマ大統領もクリントン氏も時代が求めた人というべきであり、確かに知性と多様性を感じさせる。

「日米関係は米外交政策の礎」。クリントン氏の言葉は、オバマ政権の対日政策のキーワードの感がある。しかし、関係改善と喜んでばかりもいられない。アフガン問題でも従来以上の役割を求めてくると予測されるからだ。

カーター政権の大統領補佐官だったブレジンスキー氏は、著書「ブッシュが壊したアメリカ」で書いている。「最優先課題は米欧間の主要協議に日本を参加させること。北大西洋条約機構（ＮＡＴＯ）の任務に日本の自主的参加を取り付ける必要がある」と。将来日本は軍事大国に向かう可能性が高いが、ＮＡＴＯに引き込めば日本単独の軍備増強より中国の警戒感が少なくてすみ、中国を世界システムに取り込みやすく米国の国益になる—とみる。

ＮＡＴＯと連携するなど、国民は考えていないはずだし、何よりそれは、平和憲法と摩擦を起こす。

（二〇〇九年二月二十日）

核のない世界へ

今年一月、オバマ米大統領の就任式の演説をこのコラムで取り上げた。その最後に「オバマ大統領。一つお願いがある。ぜひ広島、長崎に来て、核の被害の実相を見てほしい。そして、本当に世界を核廃絶に導いてほしい」と書いた。

当時は唐突で、一体何を言うのと思われたかもしれない。だが、それには根拠があって、昨秋の報道でオバマ氏のブレーンに非核の活動家がいると聞いていた。だから、望みをかけた。

早速四月、オバマ大統領は、プラハで、唯一の核兵器使用国として道義的な責任を認め、核兵器のない世界を目標にすると表明した。コラムの注文は現実のものになった。特に、アメリカの大統領が核兵器使用の道義的責任を認めたのが画期的で、「核のない世界」に導く責任がそこに生じた。

それから半年後、早くも、国連安保理の全会一致で、「核兵器のない世界への条件づくり」となる核不拡散、核軍縮の決議が採択された。

核廃絶の願いは粘り強い草の根運動が育てたものだ。一つ一つの署名、小さな原水禁運動が世界を動かしている。日本は唯一の被爆国として核廃絶を訴える権利と義務がある。

（二〇〇九年九月二十九日）

歴史を語る証人

長崎市の原爆資料館を訪ねた。石田壽氏撮影の、被爆した「中町教会」の写真が展示されていた。石田氏は当時の長崎地裁所長である。フィルムも不自由な時代に、約百枚もの被爆写真を残されたという。瓦礫《がれき》のなかに静かにたたずむ教会の姿が胸を打つ。

戦前、長崎に控訴院があった。現在の高等裁判所である。昭和二十年四月、沖縄戦で敗れ、空襲が始まるなか、政府は本土決戦に備え、政治機能を中央から分散し、地方の機能を強化しようとした。九州は福岡を中心とし、控訴院も福岡に移そうとした。その移転のため列車で資料を移動中、八月九日長崎に原爆が落とされた。運良く原爆を免れた貨車一台分は福岡に届いたが、貨車二台分は長崎駅において被爆で失われた。

福岡控訴院は、八月十五日の終戦の日に開院した。現在、天神中央公園にある貴賓館である。控訴院はその後、高裁となり、福岡市中央区城内の現在地に移転した。今も福岡高裁の資料室には「長崎控訴院」のスタンプが押された古い書籍がある。おそらく原爆投下の前に福岡に送られて難を逃れた資料の一部であろう。ここにも原爆の歴史を語る証人がいる。

（二〇〇九年十月二十日）

格差社会

九州弁護士連合会などの主催で「格差社会を考える」シンポジウムが開かれた。かねて、わが国の格差社会の問題は文献や報道、日々の仕事などを通じて感じていたが、あらためてわが国の貧困問題の根の深さを思い知らされた。

都留文化大学の後藤道夫教授の講演を聞いた。ここ十年余、労働市場が変ぼうし、貧困が拡大、勤労世帯を支える社会制度が極端に弱くなっている。構造改革などで失業者数は増えたが、反対に雇用保険の受給率が減った。非正規労働と低処遇の男子正規労働も増えた。休職中やそれに近い半失業状態の労働者がまん延している。一方、勤労世帯向けの社会保障と教育費の公費負担は、ＯＥＣＤ（経済協力開発機構）諸国で最低ランクである。

「大企業がもうけ、中小零細が潤い、労働者の生活が良くなる」という、理解が当てはまらくなった。それを国民は肌で感じ、「生活優先」を掲げる候補者に政治を託した。めざすべきは新たな福祉国家型の政府と自治体。国民の「最低限度の健康で文化的な生活」を実現するための施策はすべてに優先されなければならない、との主張には説得力があった。

（二〇〇九年十一月十三日）

Ⅶ　つれづれに記す

忍者の道

国会議事堂かいわいにお気に入りの道があった。「霞が関坂」とか「三宅坂」といった緩い坂道。特に好きなのは秋。街路樹のイチョウが葉を茂らせ、落葉すれば黄色のじゅうたんのようになった。

美しい光景だけではない。とても静かなのである。車が音も立てずに坂道を走り回る。いや、まちがいなく音は立てるのだが、その音がとても柔らかく低い。忍者の道。私はそう思った。まるで忍者が抜き足差し足忍び足で行き来をしているようだった。

思わせぶりに紹介したが、実はちゃんとした理由がある。秘密は穴の多い舗装面。穴が騒音を吸収するのである。無響室の吸音板と同じ理屈だ。この舗装方法は「排水性舗装」と呼ばれ、本来は雨のときの排水を容易にすることが目的らしいが、副次的な効果として交通騒音を軽減するのである。

聞くと、福岡市でも珍しくないらしい。例えば明治通りの大名近辺や呉服町あたり。そっと耳を澄ませてほしい。確かに音が柔らかい。年度末にやたらと目立つ道路工事も「忍者の道」が増えるためならば、許せるというものだ。

（二〇〇六年三月十五日）

この木なんの木？

散歩の途中、むせるような香りに気付いた。寺院の庭木にうす黄色の房状の花が咲き、甘く野性的な香りを漂わせていた。その花を一輪、部屋にさして楽しんだ。

この木の花のことをコラムに書こうと思い、植物図鑑で調べた。栗《くり》の花の写真によく似ていた。栗の花は香りが甘いと書いてある。実際、秋になると毎年その木の付近に栗の実が落ちていたので、てっきり栗の木と思いこんだ。念のため、栗を栽培していた旧い友人に電話で尋ねた。「栗の花が咲くのはもう少し先だね。それに栗の花の匂いは強くてね」。へえ、そうなのか。次いで、栗の実がいつも落ちていた近所のお宅の庭を訪ねた。その庭の栗の木は、まだ花は咲いていない。葉の形も違う。どうも違うようだ。

では、この木なんの木？　分厚い樹木図鑑を買ってきて判明した。どうやらそれはスダジイ（首陀椎）らしい。栗と同じブナ科の虫媒花《ちゅうばいか》でにおいがある。妻は「あれはあまり好きじゃない」という。

思い込みと状況証拠が時に過ちを引き起こす。危うく木の名前を取り違えて読者に伝えるところだった。

（二〇〇六年五月二十日）

十万キロ目指して

愛車のボンネットから突然、白い蒸気が噴き出した。「ラジエーターから水漏れ」と直感、修理工場に持ち込んだ。冷却水のホースの破損、エンジンのヘッドの歪《ゆが》み、ガスケットの損傷……。次々とほころびが見つかった。かなりの重傷だ。そういえば最近、時々エンジンルームからオイルが漏れる。雨の日はオイルがぬれた路面に広がって虹色の膜を張ることもあった。

「10年10万キロストーリー。」という本がある。一台の車を大切に乗り続ける人を紹介している。車とのかかわりがその人の生活を映し出して面白い。わが愛車は十二年で総走行距離九万七千キロ。十万キロに迫り、天井のクロスははげ、自分で応急処置を施している。家人からボロ車と陰口をたたかれても愛用してきたが、ついにこの始末。

もう限界、と覚悟を決めて新車にも試乗してみたが、どうもしっくりこない。悩んだ末、全面的に修理して乗り続けることにした。見かけは多少くたびれていてもまだ現役でやれる。わが団塊世代とイメージが重なった。こうなればビンテージカーになるまで乗り続けよう。頼むぞ、愛《いと》しのブルーライオン。

（二〇〇六年六月十四日）

決勝を見に行きたい私

やっぱりバスケットボールは日本じゃマイナーなのかなぁ。四年に一度のバスケットボール世界選手権が日本で開かれているのに、テレビのチャンネルを回しても、どこも放送していないし、新聞の扱いも小さかった。グループゲームまでは、民放で放送していたのにねぇ。

一九九九年、福岡の国際センターでアジアバスケットボール選手権があったときも客席はガラガラ。宣伝も行き届いてなかったけれど、それでもＮＨＫと民放が放送していた。後にＮＢＡプレーヤーになった中国のワン・ジジ、ヤオ・ミンという大型選手に目を見張ったし、決勝で中国のフ・ウェイドン選手が三点シュートを連続三回成功させて韓国チームの戦意を喪失させたシーンは今も眼に焼きついている。

バルセロナ・オリンピックでアメリカのドリームチームに心を揺り動かされた十二歳の少年が、いまスペインチームで大活躍している。バウ・ガソル。世界のプレーヤーの心に残るゲームを日本の少年が見ていたら、十年後にはバスケットボールのスーパースターが誕生したかもしれないのに。

明日は決勝。王者はギリシャか、スペインか。深夜、民放で放送。

（二〇〇六年九月二日）

英国からの手紙

英国に渡って十一年を過ごしたMさんが、この夏、奥さんと一緒に日本に帰ってくる。世界をまたに仕事を続け、約五十年に及んだ外国生活を終える。古希を過ぎ、「お迎え」が来ても妻が異国で困らないように、と帰ることにしたのだ。全国の候補地から福岡を終《つい》の住処《すみか》と決めた。福岡の人は国際的できっと住みやすいはずと、近郊のベッドタウンに建設されるマンションを購入した。

そう思ってもらうのはうれしいことだが、最近届いたMさんのあいさつ状は母国に戻る期待だけではなかった。帰国が近づくにつれ、日本は老人や弱者にとって住みにくい国に思えて、日本での生活に不安が募るという。神奈川に住む娘によると、孫のインフルエンザの予防注射は二回分で八千円。英国では子どもも老人も予防注射は完全無料、むしろ受けないと注意があるくらいなのに、これが少子化対策に取り組む国の話かとびっくりしたという。英国では治療費は無料だし、医者もナースも患者に笑顔で接して親切。母国はどうだろうか、と心細そうだ。

いびつな格差社会はまっぴらだ。Mさんの不安が解消されるような日本にしたい。

（二〇〇七年一月六日）

掟破りのシェービング

男の日課といえば髭剃《ひげそ》りである。シェービングは男の美学またはダンディズムに通じ、きれいに剃れたときは気持ちがいい。だが、剃り残したり顔を切ったりするのは嫌なもの。無精髭ではやはり心が痛む。

正しいシェービング法は、髭をお湯で柔らかくし、必ずシェービング剤を使って、カミソリを髭の生えている方向に沿って剃ることとされる。ところが私の場合は、髭が硬いのか、理髪店でも剃り残されてしまう。そこで私のシェービング法は掟破《おきて》り。お湯で髭は温めるが、シェービング剤は使わない。初めは作法通り髭の生える方向に剃るが、剃り残しがあるので必ず髭の生えている方向に逆らって剃る。いわば禁断の逆剃りだ。下手をするとカミソリで顔の皮膚を削り取る。カミソリが二枚刃だから容易にできることだが、一枚刃では肌を切る。最近、さるメーカーの三枚刃に替えたら、二枚刃よりも逆剃りがスムーズになった。

そう思っていると、早くも店頭には四枚刃や五枚刃のカミソリが並んでいる。切れ味は刃数に比例するわけでもなさそうだが、消費者は、費用の点を含めて、このテンポの速い商品開発をどう受け入れるのだろう。

（二〇〇七年六月二日）

頭の重さ

頭が重い。といっても、深酒のせいではない。私はお酒がだめで、二日酔いならぬ、その日酔いをするから酒で頭が重くなることはない。梅雨のせいでもない。昔は低気圧が近づくと気圧の変動のせいか頭が痛くなったが、コンクリートに囲まれた生活では、身体が自然の一部であると感じられる機会もとんと少なくなった。

実は、先ごろ、自宅のフローリングの床を補修するために床下にもぐって仕事をし、日ごろ気がつかない頭の重さを実感したというわけだ。築二十七年、木造の家は年相応に傷んでくる。床の化粧合板が接着力を失ってブワブワたわむ。そこで、床下から材木を当てて補強する。隣の部屋からもぐり、フローリングの床下に達すると、上向きに寝ながら作業をする。頭の重さは体重の約十三パーセントだそうで、ボウリングのボール一個分に近い。日ごろは湾曲したせき椎《つい》で支えているが、身体を横にして首の筋肉で頭を支えようとすると、鍛えていない部位だけにすぐに支えられなくなる。

二、三日は首の筋肉がこわばり、痛みが残った。地震が来たら閉じ込められるなと思いながら、狭い床下で呻吟《しんぎん》した結果であった。

（二〇〇七年七月十四日）

山に登れば

五月の終わりの日曜、十年ぶりに大分県の久住山に登った。法華院から大船山《たいせんざん》にかけて、深い緑の絨毯《じゅうたん》が広がり、イワカガミの赤い花が咲き、ミヤマキリシマにはたくさんのつぼみがついていた。六月になれば一面ピンクに覆われることだろうと思いをめぐらせた。

さて、久住山へは牧ノ戸峠から登ったが、帰りは距離の長い雨ケ池越えコースをとって長者原に下りた。当初、来た道を帰る予定だったが、途中で急きょ、山の魅力いっぱいの雨ケ池越えコースに変更した。しかし雨ケ池越えは見どころが多い反面、距離も長く道も険しい。初心者を含む一行としては正しいコース選択とはいえない。同行者に不満を与えたので素直に「ごめん」と謝ったが、山登りは初めてという女性がサンダル履きで飄々《ひょうひょう》と歩き通したのには驚いた。むしろ十年近く山から離れ、メタボになっている私が遅れて一行の最後尾を歩くはめになった。

その代わりと言っては何だが、翌日から体調が良くなった。高かった血圧が下がり、内臓脂肪が減ったと感じられた。山に登ればメタボリック症候群が引っ込む。山は熟年の健康のためにもいいことなのだと実感した。

（二〇〇八年六月七日）

デジタル一眼レフ

暇を見つけてはカメラの量販店に立ち寄り、デジタル一眼レフカメラを見て回る。きっかけは小さなメーカー（シグマ）製のカメラで、シャッター音の柔らかさが気にいり、それから店回りが癖になった。最近では老舗のメーカーだけでなく大手電機メーカーも参入して、どれも技術的に優れた製品ばかりである。

写真仲間が新型カメラを買った。フィルムにあたるセンサー部分が大きく、従来のフィルム一眼レフと同じ感覚で使える優れもの。それでも私はまだ古いデジタル一眼レフを使い、買い替え時期をうかがっている。

昨年末、長年、同じ弁護士会で活動をしてきた弁護士が惜しくも急逝した。苦労をともにした仲間だった。通夜の知らせを受けて、とっさに思いついた。彼を撮った写真を引き伸ばし、霊前にお供えしよう。デジタル写真の便利さで、ためていた画像データからレーザーカラープリンターでA3サイズの写真を作り、額を買って納めた。通夜の祭壇に飾っていただき、生き生きと活躍していた姿をあらためて目の当たりにし、思わず目頭が熱くなった。

デジタル時代、写真はこれからも新しい歴史をつくっていく。

（二〇〇九年二月四日）

ヒトツバタゴ咲いた

七年前、対馬の空港の売店でヒトツバタゴの苗木を買って、福岡の自宅の庭に植えた。五、六年後に花が咲きますと言われたが、七年がたち、背丈ほどの高さに成長したのに花をつけない。君はヒトツバタゴか？　と聞いても返事はない。
二、三日前、福岡市の渡辺通りで、真っ白く雪をかぶったような花を咲かせる一本の街路樹を見つけた。あらッ、ヒトツバタゴじゃないやろうか。近寄ってみると、間違いなくそうだった。福岡市役所の前庭にヒトツバタゴが植えられていることは知っていたが、ここにもあるとは知らなかった。
ヒトツバタゴ。別名をナンジャモンジャの木という。日本では対馬の北端鰐浦《わにうら》と岐阜県木曽川周辺に自生する絶滅危惧《きぐ》種である。対馬の鰐浦では湾を取り囲む山の中腹に三千本のヒトツバタゴが自生し、初夏にはいっせいに白い花が咲いて華やかな光景が浮かび上がる。夜には闇を明るく照らし、ウミテラシ（海照らし）ともいう。昔から天然記念物として保護されている。
鰐浦漁港に電話で聞くと、今年は開花が早く来週末には満開だろうという。さてうちのヒトツバタゴはいつになったら咲くのだろう。

（二〇〇九年四月十七日）

あやなす南京ハゼ

カメラ一つ持って散歩するのが日曜日の楽しみである。今は紅葉黄葉の季節。とびきり目を引くのが南京ハゼである。福岡市南区長丘二丁目にあるそれは木の高さが十メートル近く、木の数は十本を超す。

普通、紅葉は一斉に色づくイメージがあるが、南京ハゼは樹木の内側から紅葉が始まり、時を追って全体に広がる。その様はパレットに絵の具を広げたように艶《つや》やかである。赤は紅色《べに》、金赤、猩々緋《しょうじょうひ》、朱色、スカーレット、薔薇《ばら》色、樺《かば》色、柿色、東雲《しののめ》色、赤丹《あかに》、黄丹《おうに》。紫は赤紫、ワインレッド、江戸紫。茶や黄は橙《だいだい》色、卵色、山吹色、梔子《くちなし》、黄金色、淡黄色、カナリア色など。「色の手帖《てちょう》」を見るように豪華だ。

一本の枝でも赤から黄に至るさまざまな色合いでグラデーションを描く。一枚の葉でも微妙に色が違う。これにまだ色づかない葉の黄緑や緑が加わる。緑は暗緑色にもなり、鶯《うぐいす》色にもなる。逆光に透かして見れば、葉が光を通して一段と軽やかになり、燃えるように輝く。流れるようなあやは女性が着る訪問着にも似ている。しっとりした感じにも、若やいだ感じにもなる。写真を見ながら自然の豊かさに思わずクラクラしてしまった。

（二〇〇九年十一月二十七日）

パソコンのいま

昨年暮れから今年初めにかけてパソコンを買うため、電器店の売り場を見て歩いた。ひところは機能が簡略で大幅に価格を下げたパソコンがブームになったが、今はむしろ高品質・高機能のパソコンに人気が移っているようだ。中には「この機種は完売しました」と表示された人気機種もある。機能が高くなる一方、値段が手ごろになり、消費者の購買意欲を刺激しているのかもしれない。

私は、足しげく売り場を訪れパソコン雑誌で予備知識を得て、廉価で掘り出し物と思われる機種を買った。デスクトップ型のパソコンで、データの計算・加工などを行う心臓部のＣＰＵは四つの処理部を持っている。最新型でとても処理が速い。画像がスッとストレスなく立ち上がる。遅いパソコンでイライラしていたのがうそのようだ。ディスプレー装置は解像度が高く画像の品質が高い。パソコンが手ごろな価格でマルチメディアの道具になろうとしていることを実感する。

昨年発売された64ビット処理が可能なＯＳ（基本ソフト）のウィンドウズ7は今はまだ過渡期だが、今後はさらに高機能処理が可能になるはずだ。

（二〇一〇年一月二十九日）

植物を慈しむ

オフィスの観葉植物を手塩にかけて育てる。カンノンチク、ホンコンカポック、ドラセナマッサンギアナ（幸福の木）など。鉢の底から水が出るほどタップリと水やりをし、たまった水は根腐れしないよう外にくみ出す。夕方には、夜半の雨のように霧吹きで水をかけて葉に潤いを与えてあげる。世話をすればするほど勢いを増し、鮮やかな緑で応えてくれる。

ドラセナは連続して二度花をつけた。花は白く穂状で、夜になると強い香りを放った。芳香が虫を誘い、どこからか虫が集まってきた。その日、愛猫があの世に旅立ったので柩《ひつぎ》にドラセナの花を供えて弔った。勢いのいいホンコンは、時折こずえに赤ちゃんの手のようなかわいい芽をつける。うまく世話をすれば大人の葉に育つが、水やりが悪いと芽が枯れて育たない。世に出ることができなかった芽をみるとかわいそうで「シャボン玉」の歌を思う。

アメリカ西海岸のセコイアの木は霧が水分補給をしているが、その霧が減少し、セコイアが存続の危機にあると研究者が警告している。気候変動の影響とか。この地球に生きる植物を慈しみたいと思う。

（二〇一〇年二月二十六日）

春のお別れに

早いもので、このコラムを担当して五年が過ぎた。新聞社側とは二年の約束だったが、「結構読まれていますよ」などと言われ、締め切りに苦しみながら書き続けた。今でこそ筆者名は（弁護士）だが、初めは（ゆ）だった。豊のゆ。おかげで家では「ゆさん」とも呼ばれた。

それは、スタートするときの約束だったが、読者には誰が書いているのか、分からなかったかもしれない。志布志事件を冤罪《えんざい》でないとした鳩山邦夫法相（当時）を批判したときは、私を記者と勘違いされたのか、投稿欄に「マスコミに携わる方はあのコラムのように権力批判の精神を忘れないでほしい」という意見が載った。でも、書く方からいえば（ゆ）の方が書きやすかった。

コラムで多く取り上げたのは、憲法や刑事訴訟だった。特に憲法改正の国民投票法が問題となったときは、慎重な対応を求める内容を書いた。ときには季節の風物詩も書いた。ヒトツバタゴや南京ハゼのことを書くと、読者からその場所の問い合わせがあったと聞いた。読んでいただいていると思うとうれしくなった。春三月、これでお別れである。みなさん、さようなら。

（二〇一〇年三月二十六日）

憲法・被爆・袴田事件・裁判員裁判——あとがきにかえて

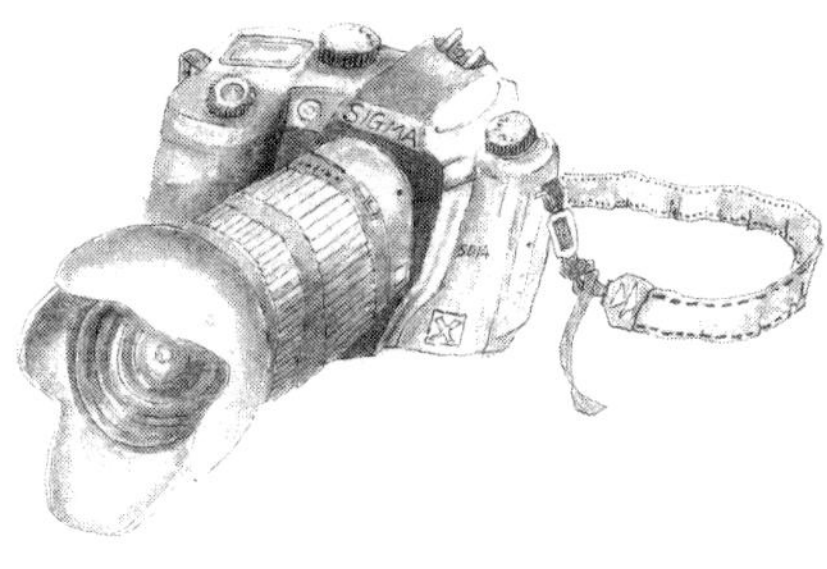

一〇年ひと昔、温故知新、歴史はくり返すという。

本書は、二〇年前、西日本新聞夕刊の「潮風」というコラムに寄稿した一二五編の随筆を一冊にしたものである。

私は六人の寄稿者の一人で、「事件と法」の担当である。

日ごろから温めていたテーマを日々のできごとにくるんで書いた。

かたい話ばかりではおもしろくないので、自分の生活史や季節のできごとなども交えた。

二〇年もたつと、大きく変わる。例えば、二〇年前のテレビはアナログ放送で縦横比が四対三だったが、今はデジタル放送で一六対九の横長。当時は「いいものがなくなるようで」（本書114頁）となげいたが、今は横長画面に慣れてしまった。中国は二〇年前は発展期だったが（「小さなメッセージ」本書117頁）、コラムのころから急速に高度経済成長し、日本を抜いて世界第二位のGDP大国になった。一時はアメリカを追い越すとまでいわれ、いまアメリカと中国は覇権を争っている。

らせん階段がぐるりと一回りしてもとの位置に戻ってくるように、二〇年もたつと、似たような景色を見ることがある。でも、決まってもとの位置ではなく高さが異なっている。

歴史はくり返しながら前に進む。

コラムは二〇一〇年（平成二二年）三月で終わり、それ以降の変化について書けなかったことに悔いはあるが、それから現在までの二〇年の間に何が起き、これから何が起きようとしているのかを考えるよすがとなれば幸いである。

以下、あとがきにかえ、コラムで述べた改憲論議と市民社会、核廃絶と被爆の実相、再審と冤罪、裁判員裁判のテーマについて、憲法・被爆・袴田事件・裁判員裁判の章立てで新しく補完することをお許しいただきたい。コラムを第一部とすれば、これから先は第二部の「弁護士の日々記」である。

憲法

安倍晋三首相（以下、安倍氏という。他の方も氏という）について、何回もコラムに書いた（本書96・97・98・99・102・103・104・105頁）。

二〇〇六年（平成一八年）一〇月「たがを外す」（本書96頁）を書いた。

安倍氏は五二歳で若くして首相となった。安倍氏に期待する向きもあったが、私は危うさを感じていた。憲法尊重擁護の義務（憲法九九条）を負っていながら、シレッと憲法九条のたがを外し、憲法破壊を進めかねないと思ったからだ。

たがは竹を割き編んで輪にし、樽や桶の外側にはめて締め固めるもの。「たがを外す」とは規律や束縛から抜け出し自由に行動することをいう。

安倍氏の位置付けについては、「安倍首相の錯覚」（本書104頁）の中西輝政氏（政治学者）のコメントが面白かった。

中西氏はいう。日本の保守は圧倒的なリベラルを相手に塹壕戦を生き抜いてきたが、着実に力を増し、日本列島に保守の勢力が満ちてきたように思えた。その潮の頂点に立ったのが安倍晋三という政治家だった。安倍政権が誕生したことによって、日本の保守は、時期尚早にも「勝った」と思った、と（「諸君」二〇〇七年一〇月号）。

言い得て妙である。「保守」を改憲に、「リベラル」を護憲に置き換えればいい。

第一次安倍内閣は、憲法改正手続法（国民投票法）を成立させたが（本書21・99・105・109頁）、安倍氏は二〇〇七年（平成一九年）辞任し、一年の短命に終わった（本書104、105項）。改憲路線は行き場を失った。驚きの自民・民主両党の大連立構想も浮上した。


二〇〇九年（平成二一年）政権交代が起きた。野党となった自民党は二〇一二年（平成二四年）四月「日本国憲法改正草案」をまとめた。この草案は、天皇を元首とし、国民の自由・権利は公益・公の秩序に反してはならないとし、国防軍を保持するというものだった。起草委員長は元自衛官の中谷元氏、委員の一人は石破茂氏である。


二〇一二年（平成二四年）一二月第二次安倍内閣が成立した。

安倍内閣は内閣法制局を骨抜きにし、集団的自衛権に足を踏み入れた。

二〇一四年（平成二六年）集団的自衛権を容認する閣議決定をした。

二〇一五年（平成二七年）憲法違反の声を押し切って、集団的自衛権を容認する安全保障法制（安保法制）を成立させた。

日本弁護士連合会（以下、日弁連という）は、二〇一五年（平成二七年）五月の定期総会において、戦前、弁護士会が戦争の開始と拡大に対し反対を徹底して貫くことができなかったことに鑑み、安保法制に反対し、立憲主義を守る活動に取り組むことを宣言した。

安倍氏は明文改憲にも強い意欲を示した。

二〇一八年（平成三〇年）、自衛隊の明記、緊急事態対応など四項目をまとめた。この改正案は先の二〇一二年（平成二四年）「日本国憲法改正草案」と異なるものだった。

第二次ないし第四次の安倍政権が続き、菅政権、岸田政権、石破政権と移った。安倍氏が掲げた改憲戦略は、自民党以外の政党にも浸透し、衆参両院で議員の三分の二を占めるまでになった。

二〇二四年（令和六年）一〇月、自・公の与党は衆議院総選挙で大敗し、旧安倍派の議員が半減するなど安倍氏の遺産が喪失した。衆議院で憲法改正の発議に必要な三分の二の議席数（三一〇）に足りなくなり、現状における憲法改正の発議は困難となった。

こうしてみると、「潮風」から二〇年がすぎ、改憲論議と市民社会の問題についても再び混沌の時代がきたと感じられる。

そもそも日本国憲法は、治安維持法の犠牲となり自由民権運動を研究した学者（鈴木安蔵）らが、戦後すぐ憲法草案をつくってＧＨＱ（連合国最高司令官総司令部）に提出し、ＧＨＱから高い評価を受けた（本書99頁）。ＧＨＱでは弁護士や学者の資格を持つ法律専門家の軍人が原案を作り（本書98頁）、帝国議会で慎重に審議されてできた（本書99頁）。

憲法九条は、芦田均の言によれば日本国民の平和的希求の念から出ている（本書95頁）。

もう一度、憲法ができた原点と過程に戻って憲法を考えたい（本書94頁）。

お勧めは、古関彰一「日本国憲法の誕生」（岩波書店・岩波現代文庫二〇〇九年）である。旧版「新憲法の誕生」（中公新書一九九五年）は長く続いた「護憲の時代」に世に送り出されたが、一九九〇年代以降「論憲」という名で呼び始められた憲法「改正」が、政治家を中心に大きな政治問題になった。著者はそのころ発見された新資料をも加え、「現憲法の制定過程で何が起きたか、第九条制定の背景にいかなる事情が存在していたか」を明らかにする。

そして、日本国憲法に対して思考停止あるいは受動的になることなく、歴史の転換点に臨んで新たな理念を模索し、たゆみない議論を継続すべきであると説く。

被爆

二〇二四年（令和六年）一〇月、ノーベル平和賞が、被爆者の立場から核兵器の廃絶を訴えてきた日本原水爆被害者団体協議会（略称被団協）に与えられると発表された。とても意義深いことで、よろこびに堪えない。

ロシアがウクライナ戦争で核兵器の使用をちらつかせ、核の驚異が現実味を帯び、他方、広島、長崎の被爆者が高齢化している。

ノーベル平和賞の受賞は被爆の実相を語り伝えることが核兵器廃絶のため重要であることを教えている。

オバマ大統領の広島訪問を期待したコラムを書いた。

二〇〇九年（平成二一年）一月オバマ大統領に広島、長崎にきて核の被害の実相を見てほしいと書いた（「オバマ大統領の就任演説」（本書127頁）。ブレーンに非核の活動家がいると知り、被爆地訪問に一縷の望みをかけた（「核のない世界へ」本書129頁）。

同年四月、同氏は、プラハで、核のない世界をめざす演説をした。その演説は高く評価され、ノーベル平和賞を受賞した。

二〇一六年（平成二八年）五月オバマ氏が広島を訪れ、短時間であるが平和記念資料館を見て回った。アメリカが原爆を投下したことに対する謝罪の言葉はなかったが、同氏は被爆者を抱擁した。まるで、コラムでお願いしたことが実現したかのようだった。

二〇一七年（平成二九年）七月国連で核兵器禁止条約（TPNW）が採択され、二〇二一年（令和三年）一月発効した。

長崎の被爆の実相を書いたコラムも書いている。

二〇〇五年（平成一七年）六月、父が被爆したことを書いた（「長崎で被爆した父」（本書14頁））。

父は、満一八歳で徴兵検査を受けたが（徴兵年齢は満二〇歳であったが一九四三年（昭和一八年）一年繰り下げられた）、召集令状が来ず、北高来郡小江（現在諫早市）から一時間以上かけて長崎に通勤していた。一九歳の夏、三菱造船稲佐製材工場において就業中に被爆した。

「長崎市原爆被害状況図」を参照していただきたい。

原画は長崎大学原爆後遺障害医療研究所提供であり、私が主要なポイントを書き加えさせてもらった。

父が被爆した三菱造船稲佐製材工場を[ア]、被爆後一時休んだ渕神社を[イ]、浦上川

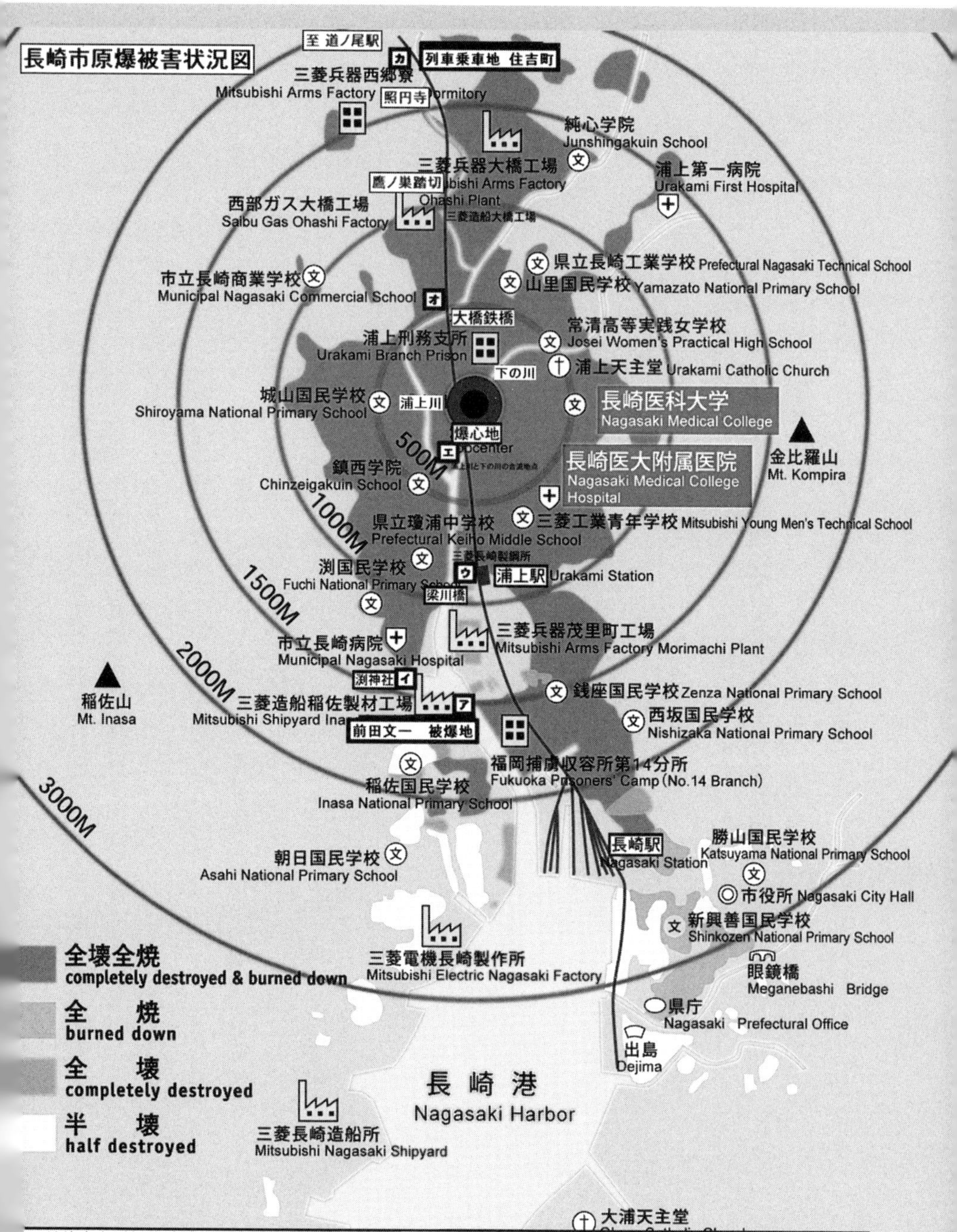

は長崎大学原爆後遺障害医療研究所提供 ・ 前田文一被爆地/列車乗車地住吉町/ア～カは前田豊が挿入した

を遡ろうと対岸の浦上駅裏に渡った地点をウ、爆心地近くで多数の死傷者を見た地点をエ、大橋付近で負傷者が道路を使えず線路を行き来していた地点をオ、住吉町で救援列車に乗った地点をカで示した。

これでみればわかるとおり、父は爆心地付近を通り抜けて長崎を脱出し諫早に帰った。

わざわざ被爆の中心を通るのは無謀なようにも思えるが、長崎から諫早に汽車で行くためにはそのあたりを通るほかなく、しかも、原爆とは知らず、そこが被爆の中心地とも知らないまま爆心地付近を通ったのであろう。当時、長崎を行き来する人は同じように歩いたのである。

もともと「長崎市原爆被害状況図」は、爆心地を中心に、同心円状に建物の全壊全焼、全焼、全壊、半壊の被害が広がる状況を表すために作られている。

原爆は、長崎市松山町の上空五〇〇mで爆発し、瞬間的に小型の太陽といえる灼熱の火球を作った。火球の中心温度は摂氏一〇〇万度を超え、一秒後には半径二〇〇メートルを超える大きさとなり、爆心地周辺の地表面の温度は三〇〇〇～四〇〇〇度にも達した。爆発により周囲の空気が膨脹して超高圧の爆風となり、爆心地から一〇〇mの地点では秒速約二八〇メートルの猛烈な爆風と爆圧が襲った。そして、爆心地から二㎞の範囲には致死量を越える放射線が降り注いだ。

「長崎市原爆被害状況図」で、爆心地から二㎞以内は全壊全焼、爆心地から三・五㎞以内は半壊、全焼となっている。

これによる死亡率は、爆心地から五〇〇m以内は一〇〇%、五〇〇m～一kmは八〇%、一km～一・五kmは五〇%、一・五km～二kmは二〇%といわれる（仁科記念財団編纂「原子爆弾：広島・長崎の写真と記録」より）。

当時の長崎市の人口は二四万人あまりで、学徒動員や疎開の出入りがあり確定できない。死者数は七万三八八四人、重軽傷者は七万四九〇九人、全焼一万一五七四戸、全壊一三二六戸、半壊五五〇九戸である（原爆資料保存会報告（昭和二五年七月））。

すさまじい原爆被害がこの状況図に込められている。

父は今年九九歳になり、本書の出版にあたり当時のことを手紙に書いてくれた。

手紙には被爆前後の行動についての「被爆後長崎市内歩行図」も添えられている。

なお、図中、①～⑥は「長崎市原爆被害状況図」のア～カと同じである。

これは壮絶な被爆体験記である。

また、救援列車に乗ったことを手記にした点も珍しく貴重であり、諫早における救護の状況にも目を向けさせてくれる。

父・文一 99才

以下長くなるが、できるだけ端折らないで記す。

標題は私が付け、一部の助詞を修正し、明らかな記憶の誤りは訂正した。しかし、九九歳の高齢者が書いたと思えないほど記憶が鮮やかである。

以下のア～カは長崎市原爆被害状況図のア～カに対応する。

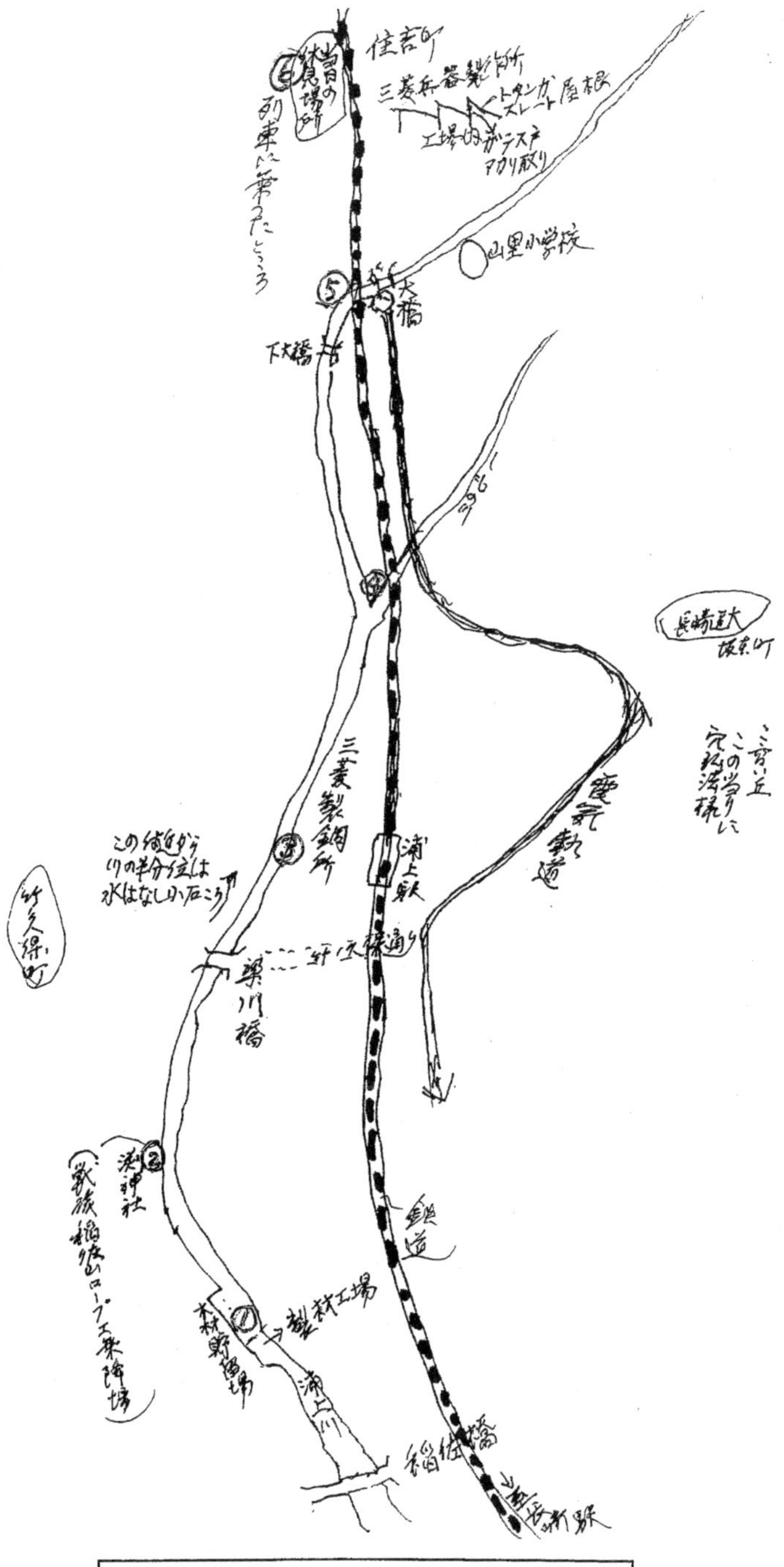

前田文一作　被爆後長崎市内歩行図

〈三菱造船稲佐製材工場〉

製材工場では三菱の工員でなく永石組という下請業者の所で働いていた（①ア）。八月九日朝八時から作業を始め、立神町の三菱の木工所に送る木材をダンベー船（団平船。幅が広く底を平たく頑丈につくった船）に積む作業をしていた時、警戒警報のサイレンが鳴り、直ぐに空襲警報となり、防空壕に入り、数分過ぎたころに解除となった。「海水の満潮時に船を出さんとでけん」と工場長に急かされて作業をしていた。

一一時近くに先輩達が煙草にしようと言って詰所に入った。俺と仲間の二人は入り口で入ろうか入るまいかと迷っていた。

〈爆風と熱線が襲う〉

爆音がして、敵機来襲の半鐘が鳴った。

突然、空気中が溶接ガスの火花の色みたいになって爆風に飛ばされ、建物のコンクリート基礎にまで飛ばされていた。もう、これで死ぬのだと思った。何にもわからず十数分くらいたったと思う。体があっちこっち、こわばって、痛くて、もうこれで死ぬのかなァと思った。

しばらくして、守衛詰所（爆風でつぶれた）の近く、道路の左側の三～四ｍの高さのがけに掘ってあった大きな防空壕に入った。ズボンから煙が出ているのに気付いた。暗いところで脱ぐのが大変だった。ゲートルをほどき、裸で、ふんどし一つになった。体が火傷で着ることができず、足も素足である。

その時、湯江（小江の隣町）からきていた仲間が濠に入ってきた。しばらくして仲間が外に出て工場が燃えていると言ってきた。この仲間は、のち、一一月ころ、兄さんが家に来て、弟は帰ってから一週間目に亡くなったと聞いた。

ぺしゃんこの詰め所に行って弁当と通勤用の服を探して手に入れた。

工場は燃えていた。中にいた工員のことはわからない。

道路からちょっと高いところの渕神社に行って樹木の蔭でやすんだ（② イ）。近くの人達も数十人位避難していた。腕時計がこわれているから時間は不明だが、午後の一時頃位。

そのころ稲佐山の上の方から、海軍の上等兵だったと思う、腕に警衛隊と書いた腕章を左手に巻いた人が来て、「君は絶対水を飲んだらできんぞ」と言われた。右手中指の大きな切り傷にリボンみたいな物を巻いてくれた。その傷が今でも残る。

〈浦上川をさかのぼり線路を歩き悲惨な風景を見る〉

浦上川を歩いて行こうと思って上流の方に行っていたら、上流の方から下ってくる男性が深みがあってだめとおしえてくれた。又、渕神社に戻る（② イ）。川端の家屋が道路に倒壊して燃えているので通れない。下火になるまで待つ。

下火になったので、仲間が肩かけ用に貸してくれた古い学生服を頭にかぶり、梁川橋を渡る。橋の上で荷車を付けた馬が横倒れしていた。腹が大きくふくれていた。

浦上駅裏の川の堤防を浦上方向に歩く（③ウ）。川に降りる階段をおりて水のない端の方を歩く。浦上川を歩いたのは、浦上駅裏の上流は、川半分くらいは丸い小石で、水は城山側の半分ぐらいを流れていたから。

三菱長崎製鋼所のあたりでは（③ウ）、市民や学徒動員の負傷者でいっぱいだった。まさにこの世の地獄だった。そこから上流は死者など沢山の被災者がいた。ほかに居所がないもの。

浦上川と下の川の合流しているところから三菱のテニスコートにはいあがり、鉄道線路に出て道ノ尾方向に歩いた（④エ）。

右手は電気軌道（市内電車）の線路で、松山町あたりで枕木から煙が出ているのを見た。全ての道路が通れないので、線路を道路としてみんなが歩いていた。

大橋の鉄橋は行き来の人でいっぱいだった（⑤オ）。橋から下の浦上川を見るとそこも傷を負った人達でいっぱいだった。死体もごろごろしていた。

その先では、三菱兵器製作所で学徒動員として働いていてノコ型屋根のガラスで傷を負った人達が、頭の毛は燃え顔は真っ黒く目と唇は普通の状態で、「水をくれ」と小さい声で言っていた。浦上川が市民たちの避難場所になっていた。

〈救援列車に乗る〉

住吉町の線路の脇に、三菱兵器製作所や三菱造船大橋工場で傷を負った人達がいっぱいいた（⑥カ）。岩屋町方面の婦人達が、白いエプロンに国防婦人会のタスキをして大釜で湯をわかし、バケツで冷やして水の接待をしていた。

そこに道ノ尾方面から鉄道の職員（鉄道の門司管理局長崎分所が出島にあったのが長与駅に疎開していた。そこの偉い方々だと思う）三人か四人の方が来て、「汽車が来ますのでここで待っていなさい」と言って長崎の方向にそのまま行かれた。

それからしばらくして汽車が来た。汽車が停車し、重傷者から乗るようにと言われて乗ったところ、機関士が「行けるところまで行くから全員降りて下さい」と言われて降りた。

おおかた一時間余りして汽車が戻って来たら超満員だった。大橋付近の川に居た人達だったろうと思う。重傷者は、血止めの方法を教えてくれとか、殺してくれとか苦しんでいる人が多く居た。車内は正に地獄状態だった。

やっとこさで乗り、列車の連結の所に立ちずくめで諫早駅までいった。

各駅で長く停車して暑い暑い諫早駅に着いたのは五時三〇分〜六時頃だったと思う。大村の海軍工廠で働く人で小江、湯江方面の人達が諫早駅で汽車を待っていたことから考えると、その時刻ころと思う。

列車から降りた負傷者は、駅の近くの消防団員、婦人会その他の人達にタンカや雨戸に乗せられて、諫早海軍病院分院に運ばれた。


〈自宅で療養〉

諫早駅で鳥栖行きの客車が目に付いたのでそれに乗った。しばらくして発車し、小江駅に着いて駅の井戸水を腹いっぱい飲んだ。途中で水田のワキ水も飲んだ。焼けたふんどしに裸足姿で、駅から二㎞歩いて、家に着いた。畳に腹ばいになった後は何んにもわからない。

翌日、体全体が痛む。頭の毛が燃えた悪いにおいがする。食事はオカユをサジで母が食べさせる。昼間はハエがたかる。夜は蚊がさす。カヤを張って中で過ごす。弟達がウチワであおいでくれる。火傷にはイノシシや穴熊の油を父が塗ってくれる。皆が俺の死を待っている状態で過ごす。

八カ月後、ようやく歩けるようになった。

〈今思うこと〉

八月九日、長崎市は町も山も火災で煙がひどかったが、後から聞いた話では、小江の実家から長崎方面が赤く燃えているのがわかったそうだ。

右側の足、背、腕、頭には今も火傷のあとの瘢痕《はんこん》が残る。

今思うことは、当時空襲警報が発令中であれば、みんな防空壕に入って負傷者が少なくて済んだのに、それがなくて、はがいくて（口惜しくて）憎い。（了）

被爆後の救援活動はどうなっていたのだろうか。「長崎原爆戦災誌」第一巻及び第三巻（長崎原爆資料館編集・長崎市発行）で調べた。

原爆投下の九日午後には、長与駅から四本の救援列車（当時国鉄）が長崎に入り、約三五〇〇人の負傷者を諫早、大村、川棚、早岐等に輸送した。

救援列車は、蒸気機関車を後付けにした推進運転で時速五㎞程度の緩やかな運行をして入れるところまで入った。長崎全市が燃え、浦上の手前の大橋の鉄橋も焼け、橋げたは、ずれていた。そこで、道ノ尾駅と浦上駅の中間地点で負傷者を収容した。

一号救援列車（三一一列車）は午後一時五〇分ころ道ノ尾駅から入ったところまで行って引き返し、道ノ尾駅で負傷者を収容し、午後三時ころ諫早駅に着いた。

二号救援列車（八〇七列車）は道ノ尾駅の先、照円寺の下（爆心地から約一・五㎞）まで進んで停車し、およそ五〇〇人の負傷者を収容し、午後三時三〇分ころ道ノ尾駅を出発し、午後五時ころ諫早駅に着いた。

三号救援列車（三一七列車）は照円寺下からさらに五〇〇m先の鷹ノ巣踏切（爆心地から約一・〇㎞）まで進んで収容し、午後六時ころ道ノ尾駅を出発し、午後七時三〇分ころ諫早駅に着いた。

四号救援列車（三二九列車）は照円寺下付近まで行って引き返し、五カ所で停車して負傷者を収容し、九日の夜中一一時に道ノ尾駅を出発し、翌日午前二時ころ諫早駅に着いた。

父は二号救援列車に乗ったとみられる。

列車に収容された負傷者は、衣服はボロボロ、身体の皮膚は焼けただれ、顔は真っ黒で前か後かわからず、国鉄職員が乗車を助けたが、手が負傷者に触れると焼けた皮膚が剥離した。座席や通路に横たわる人もあった。生き地獄のようであった。

諫早に着いた負傷者はどこに収容・救護されたのだろうか。これも、「長崎原爆戦災誌」第三巻で調べた。

但し、正確な人数はわからない。

・諫早海軍病院（佐世保海軍病院諫早分院）　六〇〇人くらい
・諫早中学校　三〇〇人くらい
・諫早高等女学校　二〇〇人くらい
・諫早商業学校　一二〇人くらい
・諫早国民学校　三〇〇人くらい
・長田国民学校　二〇〇人又は三〇〇人くらい
・県立農業技術者養成所（県農事試験場）　二〇〇人くらい
・県教職員療養所　五〇人くらい
・第二一海軍航空廠共済病院諫早分院　一〇〇人くらい
・正応寺　一五〇人くらい
・藤田医院　一〇人くらい
・田中医院　一〇人くらい
・諫早駅前仮救護所　八月九日開設　期間約五日間

長田国民学校は、私が学んだ長田小学校の前身であり、諫早中学校・諫早高等女学校・諫早商業高校は私が学んだ諫早高等学校の前身である。

前記、戦災誌によると、以下の記録がある。

負傷者の輸送、看護、炊き出し、死体処理などの動員は、警防団、婦人会から男女学生、生徒にまで及び、二〇〇〇人以上が出動した。

当時の諫早医師会は応召者が多く、開業医は高齢者を含めて七、八名に過ぎず、六名が出動し、学校等の収容所で治療にあたった。

諫早国民学校における救護記録に次のような一節がある。

「一〇日。割り当ての部屋に入った途端、鼻をつく異様な悪臭と、床上に寝かせてある方々の今まで見たこともない焼けただれ膨れあがりガラスの破片の突き刺さったままの身体・手・足。あまりのひどさに身体ががたがた震えだす始末。ガラスの破片があちこち突き刺さっているので、痛がりようがひどく、火傷の部分も治療が難しい。手を取って、死んでも良いから一口水を、とせがまれ、指示の方に叱られ叱られ、つらい思いで一口。若い娘さんの背中からお尻にかけてガラスの破片が突き刺さってモンペもズタズタ、泣きながら、うなりながら、『お母さんお母さん』と呼びながらトイレに立たれ、手を貸して抱き抱えると身体がヒシャゲそう。私も共に涙しながら立ったまま用足しさせる。その合間にも、次々と断末魔の声。痛い、苦しい、無念の涙を流しながら息絶えた方を運ぶ警防団の方が行き交う。

一一日。一晩のことで傷がただれ腐れた所にウジがうじゃうじゃ、頭の中、首、お腹にと、それがチクチク刺して痛いらしく、うめき通し。割箸でウジを一つ一つ取ってやるが、暑さと腐れで取っても取ってもという始末。自分もゲエゲエしながら摘み取って回る。運ばれた食事を少し食べた人もあったが、殆どの人は弱りかけ、戸板に乗せられた人も益々多くなる。身内に引き取られた人もあって、昨日よりはぐっと少なくなっていたが、ウジ取りとうちわで風を送って少しでも楽にしてあげようと汗みどろ。ウジも何百匹取ったでしょうか。身内の名前を聞き出しては、連絡所へ何回も走った。

身内の人、医者、看護人も共に苦しみ頑張るが手のくだしようがない。私も夜から発熱して、家に帰りモンペを脱ぎ捨て、一五日の終戦も床の中。二週間寝込んだ。」

（婦人会　川原由基子。一部省略した）

長田国民学校では、長田郵便局から電報や電話で収容者の自宅や関係先の工場・学校などに連絡した。その地域は長崎市、県内、遠くは宮崎県に及んだ。各地から駆けつけた家族は死期の迫った息子や娘に会うこともでき、また重軽傷にかかわらず引き取られていった者も少なくない。ここでの帰宅者は半数以上だったといわれる。

諫早商業学校における救護記録に次のような一節がある。

「次々と被爆者を探しに肉親の方も来られる。死体は次々とかたづけられた。突然、半狂乱になった中年の女の人が我が子の名前を呼びながらわめいた。校内の掲示板に我が子の名前があったとの事。死亡した人は赤線が引いてあるが線が引いてないのでここにいるはずだという事、係の人が一人一人探す。その女の人は宮崎から来たといわれ、私は先ほど息を引き取った二〇歳前後の男の人が宮崎といっていたので、引っ張って裏門の所に連れていく。だが、何体かの遺体を積んだ大八車はすでにいなかった。

話しによると、長崎の学校に進学させ、学徒動員として兵器工場で被爆したとの事、宮崎よりすぐ両親がかけつけ、我が子の名前を呼びながら長崎の町を回り、足を棒にして矢上より歩いて探しながら諫早についたのが一四日の昼頃。諫早駅で主人と別れ、小学校、中学校、最後にここに来たということであった。介抱はともかくとして、私が怪我（全身にガラスの破片が突き刺さって化膿し、はれあがっていた）のことなどを知らせてやると、何度も私の手を握りしめてお礼を言われた。そして係の人に『ありがとうございました。市役所に行っておこつを分けて頂いて帰ります』と深々と頭を下げて出て行かれた。」（西村ミツエ）

それぞれの救護所、収容所においては死亡者も多かった。その場合の遺体は次のように処置された。

・諫早海軍病院・諫早中学校・諫早商業学校・技術者養成所・正応寺
　市営火葬場で火葬
・諫早国民学校　市営火葬場で火葬、諫早競馬場跡で埋葬又は火葬
・諫早高等女学校　諫早競馬場跡で埋葬又は火葬
・長田国民学校　長田町の「むさし」（地名）無縁墓地に埋葬

市営火葬場の火葬者数は四〇〇~五〇〇体であった。

長田国民学校の収容者のうち死亡者は八六人。一部は遺族に引き取られたが、大半は「むさし」無縁墓地に埋葬された。

諫早を含め県内各地において、被爆による死者は、無縁仏として埋葬され、あるいは火葬された。

長崎市は、それを全て同市に引き取ることとし、一九五五年(昭和三〇年)改葬慰霊祭を行い、各市町村で発掘された遺体を長崎市の火葬場で荼毘《だび》に付し、その遺骨は長崎市駒場町の霊安堂に安置された。

一九五九年(昭和三四年)長崎市岡町に長崎市原子爆弾死没者慰霊納骨堂が完成し、安置された。安置数は合計八八六三柱であった。一九九四年(平成六年)同町八番五号(平和公園近く)に長崎市原子爆弾無縁死没者追悼祈念堂ができ、八九六四柱が安置されている(長崎市ホームページ)。

諫早の火葬場における遺骨と、諫早競馬場跡及び長田の無縁墓地における埋葬遺体が荼毘に付された遺骨は、全て長崎の遺骨安置所に安置された。

以上は、前記戦災誌の記録による。

私と原爆の関わりについて書こうと思う。

私は長田小学校四年か五年のとき、学校から長崎の原爆資料館につれていってもらった。ガラスが溶け、瓦が泡立ち、蝋で作ったケロイドのある手や顔や身体を見て、被爆のすさまじさに圧倒され、子ども心に怖いと思った。

私は自分が学んだ長田小学校（長田国民学校）で二〇〇人～三〇〇人もの被爆者を救護したことは知らなかった。私が学んだ教室に被爆者が収容され死んでいったという事実を。長田中学校の裏手の丘に「むさし」という無縁墓地があり、被爆者が埋葬されていたことはうすうす知っていたが、たくさんの死者の埋葬が行われていたことは知らなかった。「むさし」には茶畑があり、中学校の行事の一環として茶摘みをした。既に埋葬遺体は発掘されて長崎に安置され、茶の木は被爆者を発掘した跡に植えられていたことになる。どこが墓地なのだろうと思いながら茶をつんだが、特に体調が悪いわけではないのに、脂汗が出て気分が悪くなった。

私は、長じて、長崎の原水禁大会に行き、日本反核法律家協会の会員になるなど、核廃絶運動にも少し加わったが、なぜか、父の被爆体験には目と耳を閉ざしていた。

私が父から被爆体験を聞いたのは二〇〇五年（平成一七年）であった。

今年（二〇二四年）、父の白寿の祝をきっかけに、貴重な被爆体験を残そうという話しになり、前記の手紙を書いて送ってくれた。

父は、胃と心臓を手術したが、一〇〇歳に手が届くところまで長生きした。記憶もしっかりし、少し足が弱くなったが、野菜作りを生きがいとしながらデイサービスを受け、諫早で一人で暮らしてきた。

今回、私が思ったのは、原爆の実相を若い世代に伝えていくことの重要性は勿論であるが、当の私たちが原爆の実相を認識し共有することが重要だということだった。

袴田事件

衝撃的な袴田事件の再審無罪判決があった。

二〇二四年（令和六年）九月二六日、静岡地裁（國井裁判長）は、再審無罪を言い渡し（以下、國井判決という）、検察庁が上訴権を放棄したため、無罪が確定した。実に五八年の長い時間をかけて再審で無罪となった事件であり、戦後五件目の死刑再審無罪事件である。

事件は、一九六六年（昭和四一年）六月三〇日未明に起きた。静岡県清水市の味噌製造会社の専務一家四名が数カ所づつ刺されて殺害され、油をかけて焼かれた。同社の住み込み従業員の袴田巖氏（三〇歳）が逮捕され、連日長時間にわたる取調べで否認し続けたが、二〇日目に自白調書が取られ、静岡地裁に起訴された。当初はパジャマ姿で殺害したとされたが、のち五点の衣類を着用して殺害したと変更された。

最大の争点は、事件発生後一年二カ月たって突然味噌タンクの中から発見された五点の衣類の色である。ズボン、ステテコ、ブリーフ、半袖シャツ、スポーツシャツが、一年二カ月赤味噌のなかに浸かっていた場合に、シャツやステテコについた血液の色が赤い色を保っているのか、それとも赤い色は消え黒褐色になるのかが問われた。

國井判決は、捜査機関が五点の衣類をねつ造したと判断し、袴田氏を無罪とした。どうしてこのようなことになったのか、どうして無実の人が死刑判決を受け、四四年間も死刑囚とされたのか。警察、検察庁、裁判所、弁護士、報道機関が、それぞれ、猛反省をし、検証し、再発を防止すべきであると指摘されている。

私が考えるそれぞれの反省すべき点は次のとおりである。

〈警察と検察官は反省すべきである〉

検事総長は、無罪確定後、「袴田さんは、結果として相当な長期間にわたり、その法的地位が不安定な状況に置かれてしまうこととなりました」と述べたが、法的地位の不安定という生やさしいものではなく、死刑確定より四四年にわたり死刑執行の恐怖におびえ、究極の苦痛を味わわせたというべきである。

國井判決によって捜査機関が証拠をねつ造したと判断されたのは、権力犯罪と言われたのも同然である。いいかえれば、捜査機関は袴田氏を有罪とするため、五点の衣類に血液をしみ込ませ、味噌タンクに隠し、発見されたと称して証拠請求し、裁判所を利用して有罪判決を出させたのである。

証拠をねつ造したうえ有罪となれば、死刑判決となる可能性が高い。

死刑が執行されれば、国家による殺人と考えられる。

そうすると、証拠のねつ造は袴田氏に対する殺人未遂の間接正犯と考えられないか。

少なくとも、真犯人を隠匿する犯人隠避、袴田氏への証拠隠滅罪が成立しよう。警察・検察庁は、公訴時効の問題はあるにせよ、起訴を視野にいれて捜査し、仮に起訴ができなくとも真相を国民に報告すべきである。

ちなみに、証拠をねつ造した事件として有名であるのは菅生事件である（「正木ひろし著作集」第三巻二一四頁（三省堂一九八三年）、諫山博「駐在所爆破犯人は現職警官だった」（新日本出版社一九七八年）、同「スパイ告発―裁かれた五つの権力犯罪―」（光陽出版社二〇〇〇年））。

〈裁判官は反省すべきである〉

象徴的なことがある。それは渡部保夫氏の逸話である。

渡部氏は、無罪の発見に情熱を傾け、無罪判決も多数書いた著明な刑事裁判官である。

その渡部氏が、最高裁において調査官として袴田事件を担当していたとき、袴田氏は絶対有罪だと考えていたという。同じ時期に最高裁の調査官であった木谷明氏が、次のように書いている。

「渡部さんがこの事件についてどういう心証を抱いていたかを直接聞いて知っている。

渡部さんは、なんと、こう言われたのである。すなわち、『木谷さん。この事件は有罪ですよ。もしこれが無罪だったら、私は首を差し出します』と。」（季刊刑事弁護七九号九一頁　二〇一四年七月）

木谷氏は、書こうか書くまいか迷ったあげく、歴史的な事実を知る数少ない証人として、後世に語り継ぐ義務があると考えて書くことにした。それほどの大事件であった。

結論から言えば、渡部氏は間違っていた。

渡部氏は、「有罪方向の証拠の存在は誇張され、無罪方向のそれは陰に隠れる」（渡部保夫「無罪の発見―証拠の分析と判断基準―」四〇七頁 勁草書房一九九二年）と言っていたことを忘れ、物的証拠の検討をなおざりにし、自白を信用し、「疑わしきは被告人の利益に」の鉄則を忘れていたと言わざるを得ない。渡部氏だけではない。著明な裁判官である横川敏雄控訴審裁判長も同じである。

渡部氏や横川氏ほど練達な裁判官でもそうであるから、裁判官なら誰でも陥る可能性のある陥穽（わな）だと考えられる。

「証拠の評価は性質上、直観的要素を含むが全体として経験上の法則と論理上の法則とにしたがって行われることを要する。しかもその経験上の法則は、科学的経験法則でなければならない。自由心証主義は当然に合理的心証主義であり、さらには科学的心証主義であるべきである」（団藤重光「新刑事訴訟法綱要」一九四八年）。

裁判官は、科学的経験法則に従って裁判をしているかということが改めて問題とされなければならないと思う。

〈弁護士は反省すべきである〉

弁護士は、捜査期間中にどれだけ袴田氏と接見したかが問われる。

袴田事件の弁護人は三回接見したとされる（判例時報一八七九号一〇頁）。しかし、過酷な取調べが行われている場合、弁護士は毎日被疑者と接見することが基本である。

袴田事件の一九六六年（昭和四一年）当時、弁護士の数は少なく、被疑者の弁護活動をする弁護士は限られていた。一部の事件を除き、刑事弁護を専門とする弁護士（いわゆるヤメ検弁護士が多かった）が被疑者の弁護人となっていた。

被告人の国選弁護制度はあったが、被疑者の国選弁護制度はなかった。そのため、弁護士が被疑者の段階から弁護人になることが少なかった。

弁護士が、被疑者に認められている権利を駆使して被疑者の権利を守るための実践的な「刑事弁護学」も確立していなかった。

いつしか刑事裁判は形骸化し、弁護士は刑事弁護をしたくないと思うようになった。一九八五年（昭和六〇年）平野龍一氏（刑法学）は「わが国の刑事裁判はかなり絶望的である」と警鐘をならした。福岡、大分の弁護士会が当番弁護士を始め、そこから、一気に刑事弁護の気風が起こった。当番弁護士から被疑者国選弁護制度ができた（「当番弁護士が変えた」（本書86頁））。今日ではさらに進んで弁護士会が費用を負担し、弁護士が取調べに立ち会う制度を実行するところまで進んでいる。

袴田事件当時と現在とでは様子が違っている。

とはいえ、弁護人がどれだけ接見し、どれだけ五点の衣類の問題点を掘り下げたかを検証する必要があり、袴田事件から何を学ぶのかを明らかにする必要があると思う。

〈報道機関は反省すべきである〉

二〇二四年（令和六年）一〇月無罪判決（國井判決）の翌日、毎日新聞が謝罪記事を掲載したのを読んだ。事件発生当時、警察情報に依拠し、袴田氏が犯人であるかのように報道したことを反省していた。

その点、西日本新聞は、死刑再審無罪事件第一号の免田事件で同じような報道をしていたことから、反省し、全国の新聞に先がけて、一九九二年（平成四年）一二月から「容疑者の言い分」（福岡の実験）を紙面に掲載するようになった。その手立てとして、弁護士会が始めた当番弁護士制度を活用した。西日本新聞の「容疑者の言い分」報道は、平成五年度日本新聞協会賞を受賞した。

しかし、一九九二年（平成四年）の飯塚事件（一九九四年（平成六年）逮捕）では、決定的な証拠がないにもかかわらず先走りした報道をしたのではないかと自問自答し、検証しなければならなかった（ＮＨＫ・ＢＳ１スペシャル「正義の行方～飯塚事件三〇年後の迷宮」二〇二二年（令和四年）四月）。

〈国はすみやかに再審法を制定すべきである〉

現在の刑事訴訟法には再審手続に関する規定が少ない。特に検察官の証拠開示制度に関する規定がなければ再審請求人に有利な証拠が隠されていても手に入りにくい。再審開始決定に対する検察官の抗告を制限（禁止）する規定がなければ検察官が即時抗告や特別抗告をするたびに時間が経過していき、袴田事件のように救済が遅れることになる。

〈国は国会に「えん罪原因調査究明委員会」を設置すべきである〉

日弁連は、二〇一一年（平成二三年）一月「えん罪原因調査究明委員会の設置を求める意見書」を理事会で承認し公表した。これは、第三者機関の委員会を国会又は内閣に設置することを求めるものであった。

その後、東京電力福島原発事故を受け「東京電力福島原子力発電所事故調査委員会法」（二〇一一年（平成二三年）九月三〇日成立）により「国会原発事故調査委員会」が設置された。そこで、日弁連内に設置された「えん罪原因究明第三者機関ワーキンググループ」（座長・西嶋勝彦（袴田事件再審弁護団長））は、国会又は内閣に設置するのではなく、原発事故にならって、「えん罪の問題も国会で」と提案している（「えん罪原因を調査せよ　国会に第三者機関の設置を」（勁草書房二〇一二年（平成二四年））。ちなみに同書によれば、一九一〇年代の吉田岩窟王事件以来、二〇一二年までのえん罪事件の合計は一六二件である。もはや放置することはできない。

調査委員会においては、捜査機関による取調状況の全面的可視化（録音・録画）、取調べに対する弁護人の立会権の立法化、警察官・検察官面前調書の効力の見なおし、法医学者の捜査機関からの完全中立（ＮＨＫスペシャル「法医学者たちの告白」二〇二四年（令和六年）七月一四日放映参照）などが検討されるべきである。

裁判員裁判

「国民の司法参加」には陪審制と参審制がある。陪審は市民だけで有罪・無罪を決め裁判官が量刑を決めるが、参審は裁判官と市民が有罪・無罪も量刑も決める。

一九九九年（平成一一年）司法制度改革審議会において、陪審、参審の採用が問題になった。

最高裁判所は、「憲法上の制約から参審員は意見表明はできるけれども評決権を持たない参審制とするのが無難」と述べた（第三〇回司法制度改革審議会）。

市民は、裁判に市民の常識を反映させること、有罪率が九九・九％にもなる現状を変える必要性があることなどから陪審制の導入に賛成した（本書83頁）。

その結果、陪審と参審の中間的な裁判員裁判になった。

対象が死刑を含む重罪事件になったのは、国民の関心が重罪事件で高いということや、年間千数百件と予測される重罪事件が限界で軽微事件まで実施することができなかったためである。

裁判員裁判が実施されて、実際に刑事裁判が変わっている。

裁判員裁判が始まる前は、捜査段階の供述調書が中心の裁判で、しかも「精密司法」と呼ばれる裁判であった。公判では検察官が供述調書の要旨を早口で読み、裁判官は調書を部屋に持ち帰って読んで心証をとることが多かった。

裁判員裁判が始まり、公判中心主義になり、何が争点かを明らかにして裁判が進められるようになった。傍聴席からも裁判の進行がよくわかるようになった（「始まった裁判員裁判」本書90頁）。

裁判官からの説示で「疑わしきは被告人の利益に」という刑事訴訟の鉄則が確認されるようになった（「最高裁のメッセージ」本書70頁）。

裁判員法と同時に刑事訴訟法も大幅に改正された。

裁判員裁判は裁判官に受け入れられている。かつて、刑事の裁判官には「どうして一般の人と一緒に刑事裁判をやらなきゃならないのか」という人もいたが、その人も今は「やっぱり裁判員裁判をやってよかった」と言っていることが紹介されている（判例時報二二六八号）。

裁判員裁判の制度が存在することが、裁判員裁判でない刑事裁判においても良い影響を与えているという裁判官もある。

裁判員の経験者は、裁判員裁判はいい経験だったと評価する人が多い。

しかし、裁判員裁判の実施から一五年、問題も指摘されている。

裁判員を辞退する人の割合が高いという問題がある。

裁判員になりたくない理由は「人の一生を決める裁判に参加する自信がない」ということである。その最大の理由に死刑があることは無視できない(「裁判員の始動にあたり」本書82頁)。市民が量刑に関わる国でも、フランスでは死刑制度がなく、韓国では死刑の執行を停止している(本書82頁)。

次に、裁判員裁判の判決が控訴審でくつがえる例がある。

裁判員裁判で死刑判決になったのが控訴審で無期懲役になる場合、裁判所は、死刑という重大な刑に関しても平等でなければならないとする。

こと死刑の問題であるだけに、裁判員裁判の結論が職業裁判官の裁判に優先されるべきだとばかりも言っておれない。

裁判員裁判で無罪となったのが控訴審で有罪となる場合、裁判所は、控訴審は裁判員裁判の判決が経験則・論理則に合っているかどうかを判断すべきであるとする。

経験則は科学的で健全な経験・常識に合致しているかどうかということである。

論理則は論理に整合性がありつじつまが合っているかということである。

一般的にいえば、裁判員が経験則に問題があることは少ないと考えられる。例えば、袴田事件に例をとれば、五点の衣類の色について、確定審で弁護人は争わず、裁判所も安易に犯行着衣と認定していた(判例時報一八七九号二六頁)。再審になって、支援者の中から疑問が出され、争点となった。経験則の点において、法律家が一般市民よりすぐれているともいえず、逆に一般市民の方がすぐれていることがあることを示す例だと思う。

反対に、法律家は、日ごろの刑事裁判に感覚が麻痺し、小さな証拠に真実がやどることがあることを忘れてしまう危険があると思われる。

論理則にしても、裁判官三名、裁判員六名で議論すれば、整合性がないことは考えにくく、論理則に反することは少ないと考えられる。


死刑制度については、袴田事件の再審無罪判決を受け、慎重な検討が必要となった。死刑を執行されたら取り返しがつかない。

日弁連は、二〇一六年（平成二八年）第五九回人権擁護大会で、「死刑制度の廃止を含む刑罰制度全体の改革を求める宣言」を採択している。

死刑制度のあり方を議論してきた民間の有識者懇話会（座長・井田良中央大大学院教授）は、二〇二四年（令和六年）一一月、死刑制度の存廃や改革・改善を検討することを国会と内閣に求める報告書をまとめた。死刑見直しの具体的な結論が出るまでは死刑の執行を停止することも求めている。


裁判員の経験を活かすためには、評議の秘密や関係者のプライバシーなど一部を除き、もっと裁判員制度の経験を話すことができることを明確にした方がよいと考える。アメリカの例は参考になる（本書77頁）。

いろいろな裁判に市民の常識を反映させるため、刑事の重罪事件に限っている現在の裁判員制度の適用範囲を広げ、国が一方当事者となる国家賠償請求事件や、行政事件、刑事軽微事件において陪審制又は裁判員裁判を導入することを検討すべきだと考える。

おわりに

本書の上梓は、コラムを切り抜き整理していた妻美代子の「このまま眠らせるのはもったいない。すでにパソコンに打ち込んでいるから出版してみたら」のひと言に始まる。そのうえ編集や校正や挿絵にも才能を発揮した。

妻は結婚前、詩を書いていたので、私は「お前が死んだら遺稿集を出してあげる」と冗談を言っていたが、かえって私の方が単独本としては初作を出してもらうことになった。

そこで、約束の遺稿集にかえて、巻末に「噴水」大原美代（詩誌ALMÉE一五六号）を加えることにした。

田代俊一郎さんには、まえがきをお願いしたところ、快く引き受けていただいた。御礼を申し上げる。

石風社の福元満治さんには、章立ての提案や題名の提案をいただき、あとがきにかえての原稿の大幅な遅れで大変迷惑をかけた。しかし、待ってもらったおかげで袴田事件の無罪判決、被団協のノーベル平和賞受賞、二〇二四年（令和六年）一〇月の総選挙の結果に遭遇し、二〇年前の文章が現在につながり、父の被爆記を載せることもできて、この本に新たな生命を与えることができた。御礼を申し上げる。

カバーの写真は諫早湾口の本明川である。諫早干拓の潮受堤防で海が締め切られる前（本書12頁）、満ち潮がひたひたと遡りゆく澪《みお》の夕景である。ここは、江戸時代から昭和まで、有明海が帆船による海運や漁船による漁でにぎわった頃の航路であり、満潮となれば、一面、海となる。

野呂邦暢『諫早菖蒲日記』（文春文庫）は、次の情景描写に始まる。

「まっさきに現われたのは黄色である。黄色の次に柿色が、その次に茶色が一定のへだたりをおいて続く。堤防の上に五つの点がならんだ。堤防は田圃のあぜにいる私の目と同じ高さである。点は羽をひろげた蝶のかたちに似ている。河口から朝の満ち潮にのってさかのぼってくる漁船の帆が、その上半分を堤防のへりにのぞかせているのである。ゆっくりとすべるように動く。」

最後に、この本を、今年九九歳となった父文一と七年前九二歳で亡くなった母サミに捧げる。

二〇二四年（令和六年）一一月吉日

前田　豊

噴水

大原美代

〈おまえが死んだら……〉と
男が笑う

わたしが死んだら
男はさっさと明日を買うだろう
あたらしい恋人には
ショーウインドウの超一流品を
予告もなしに買い与えて
わたしの知らない粋な言葉を並べるだろう
シャンゼリーゼ通りの晩餐会とか
ブルターニュの森の散歩とか
そんな空約束ばかりにならされて
わたしはいつしか
アフリカ象の耳であった

〈おまえの遺稿集を出してあげるよ〉
平気であんなことがいえるなんて
くすんだ街角では
美しい恋人が待っているにちがいない
それとももう
明日の品定めがすんだのかしら
それならわたしは
公園の巨大な噴水
噴きあげる水の火柱となって
中天高く男を吊りあげ
小脇をつついて笑い死にさせてやろう

それからわたしは意気揚々と
〈男を買いに街へ行くの〉

前田　豊（まえだ　ゆたか）

1949年3月　長崎県諫早市にて出生
1967年3月　諫早高校卒業
1972年3月　九州大学法学部卒業
1973年10月　司法試験合格
1976年4月　福岡市において弁護士登録
1990年1月　あおぞら法律事務所
2003年4月　福岡県弁護士会会長
2004年4月　日本弁護士連合会副会長
2009年4月　九州弁護士会連合会理事長

弁護士の日々記
——民主主義の危うさのなかで

二〇二五年二月十日初版第一刷発行

著　者　前田　豊
発行者　福元満治
発行所　石風社
福岡市中央区渡辺通二—三—二十四
電　話　〇九二（七一四）四八三八
ＦＡＸ　〇九二（七二五）三四四〇
https://sekifusha.com/

印刷製本　シナノパブリッシングプレス

ISBN978-4-88344-329-1　C0095

＊表示価格は本体価格。定価は本体価格プラス税です。

中村　哲
ペシャワールにて［増補版］　癩《らい》そしてアフガン難民
数百万人のアフガン難民が流入するパキスタン・ペシャワールの地で、ハンセン病患者と難民の診療に従事する日本人医師が、高度消費社会に生きる私たち日本人に向けて放った痛烈なメッセージ
【9刷】1800円

中村　哲
ダラエ・ヌールへの道　アフガン難民とともに
一人の日本人医師が、現地との軋轢《あつれき》、日本人ボランティアの挫折、自らの内面の検証等、血の吹き出す苦闘を通して、ニッポンとは何か、「国際化」とは何かを根底的に問い直す渾身のメッセージ
【6刷】2000円

中村　哲
医は国境を越えて
＊アジア太平洋賞特別賞
貧困・戦争・民族の対立・近代化——世界のあらゆる矛盾が噴き出す文明の十字路で、ハンセン病の治療と、峻険な山岳地帯の無医村診療を、十五年にわたって続ける一人の日本人医師の苦闘の記録
【9刷】2000円

中村　哲
医者　井戸を掘る　アフガン旱魃《かんばつ》との闘い
＊日本ジャーナリスト会議賞受賞
「とにかく生きておれ！　病気は後で治す」。百年に一度といわれる最悪の大旱魃に襲われたアフガニスタンで、現地住民、そして日本の青年たちとともに千の井戸をもって挑んだ医師の緊急レポート
【14刷】1800円

中村　哲
辺境で診《み》る　辺境から見る
「ペシャワール、この地名が世界認識を根底から変えるほどの意味を帯びて私たちに迫ってきたのは、中村哲の本によってである」（芹沢俊介氏）。戦乱のアフガニスタンで、世の虚構に抗して黙々と活動を続ける医師の思考と実践の軌跡
【6刷】1800円

中村　哲
医者、用水路を拓く　アフガンの大地から世界の虚構に挑む
＊農村農業工学会著作賞受賞
養老孟司氏ほか絶讃。「百の診療所より一本の用水路を」。百年に一度といわれる大旱魃と戦乱に見舞われたアフガニスタン農村の復興のため、全長二五・五キロに及ぶ灌漑用水路を建設する一日本人医師の苦闘と実践の記録
【10刷】1800円

＊読者の皆様へ　小社出版物が店頭にない場合は「地方・小出版流通センター扱」か「日販扱」とご指定の上最寄りの書店にご注文下さい。なお、お急ぎの場合は直接小社宛ご注文下されば、代金後払いにてご送本致します（送料は不要です）。